여러분의 합격을 응원하는
해커스공무원의 특별 혜택

FREE 공무원 국어 특강

해커스공무원(gosi.Hackers.com) 접속 후 로그인 ▶
상단의 [무료강좌] 클릭 ▶ [교재 무료특강] 클릭하여 이용

해커스 매일국어 어플 이용권

I1M73S32LPQQYEI5

구글 플레이스토어/애플 앱스토어에서 [해커스 매일국어] 검색 ▶
어플 다운로드 ▶ 어플 이용 시 노출되는 쿠폰 입력란 클릭 ▶
쿠폰번호 입력 후 이용

▲ 어플 다운로드

* 등록 후 30일간 사용 가능

* 해당 자료는 [해커스공무원 국어 기본서] 교재 내용으로 제공되는 자료로, 공무원 시험 대비에 도움이 되는 유용한 자료입니다.

신민숙 선생님 패스 20% 할인쿠폰

E7A2F9E373C343A8

해커스공무원(gosi.Hackers.com) 접속 후 로그인 ▶ 상단의 [나의 강의실] 클릭 ▶
좌측의 [쿠폰등록] 클릭 ▶ 위 쿠폰번호 입력 후 이용

* 등록 후 7일간 사용 가능(ID당 1회에 한해 등록 가능)

단기 합격을 위한
해커스공무원 커리큘럼

입문

탄탄한 기본기와 핵심 개념 완성!

누구나 이해하기 쉬운 개념 설명과 풍부한 예시로 부담없이 쌩기초 다지기

TIP 베이스가 있다면 **기본 단계**부터!

▼

기본+심화

필수 개념 학습으로 이론 완성!

반드시 알아야 할 기본 개념과 문제풀이 전략을 학습하고
심화 개념 학습으로 고득점을 위한 응용력 다지기

▼

기출+예상 문제풀이

문제풀이로 집중 학습하고 실력 업그레이드!

기출문제의 유형과 출제 의도를 이해하고 최신 출제 경향을 반영한
예상문제를 풀어보며 본인의 취약영역을 파악 및 보완하기

▼

동형문제풀이

동형모의고사로 실전력 강화!

실제 시험과 같은 형태의 실전모의고사를 풀어보며 실전감각 극대화

▼

최종 마무리

시험 직전 실전 시뮬레이션!

각 과목별 시험에 출제되는 내용들을 최종 점검하며 실전 완성

PASS

* 커리큘럼 및 세부 일정은 상이할 수 있으며,
자세한 사항은 해커스공무원 사이트에서 확인하세요.

**단계별 교재 확인 및
수강신청은 여기서!**

gosi.Hackers.com

해커스공무원
신 민 숙
쉬운국어

매일 하프
모의고사 ①

해커스공무원

합격으로 가는
공부를
시작해 볼까요?

이 책의 **차례**

📖 하프모의고사 문제

하프모의고사 약점 보완 해설집 [책 속의 책]

구성과 특징

공무원 출제 경향을 반영한 16회분으로 공무원 국어 실력 완성!

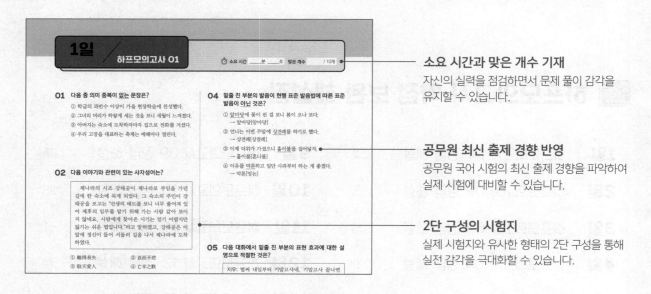

소요 시간과 맞은 개수 기재
자신의 실력을 점검하면서 문제 풀이 감각을
유지할 수 있습니다.

공무원 최신 출제 경향 반영
공무원 국어 시험의 최신 출제 경향을 파악하여
실제 시험에 대비할 수 있습니다.

2단 구성의 시험지
실제 시험지와 유사한 형태의 2단 구성을 통해
실전 감각을 극대화할 수 있습니다.

정답과 오답의 이유로 꽉 채운 상세한 해설 제공!

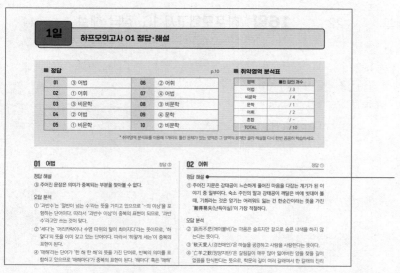

상세한 정답 해설과 오답 분석
정답이 되는 이유와 오답이 되는 이유를
확실히 파악할 수 있습니다.

3 헷갈리기 쉬운 어휘를 완벽하게 정복할 수 있는 구성!

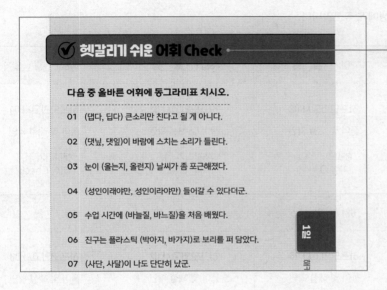

헷갈리기 쉬운 어휘 Check
매회 하프모의고사마다 제공되는 선택형 문제를 통해 헷갈리기 쉬운 어휘를 확실하게 암기하고 정리할 수 있습니다.

4 하프모의고사의 효과적 활용을 위한 특별 구성!

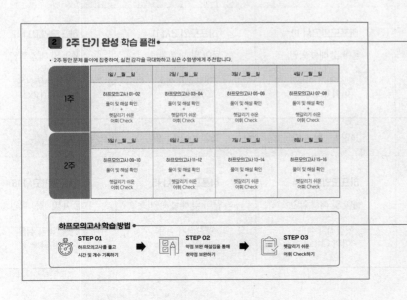

학습 기간별 학습 플랜
16회분의 하프모의고사 풀이를 4주 또는 2주 안에 자율적으로 진행할 수 있습니다.

하프모의고사 학습 방법
학습 방법에 따라 실력을 점검하고, 취약점을 보완하여 효과적으로 학습할 수 있습니다.

학습 플랜

1 4주 차근차근 학습 플랜

• 4주 동안 차근차근 실력을 향상시키고 싶은 수험생에게 추천합니다.

	1일 / ＿월＿일	2일 / ＿월＿일	3일 / ＿월＿일	4일 / ＿월＿일
1주	하프모의고사 01 풀이 및 해설 확인 + 헷갈리기 쉬운 어휘 Check	하프모의고사 02 풀이 및 해설 확인 + 헷갈리기 쉬운 어휘 Check	하프모의고사 03 풀이 및 해설 확인 + 헷갈리기 쉬운 어휘 Check	하프모의고사 04 풀이 및 해설 확인 + 헷갈리기 쉬운 어휘 Check
	5일 / ＿월＿일	6일 / ＿월＿일	7일 / ＿월＿일	8일 / ＿월＿일
2주	하프모의고사 05 풀이 및 해설 확인 + 헷갈리기 쉬운 어휘 Check	하프모의고사 06 풀이 및 해설 확인 + 헷갈리기 쉬운 어휘 Check	하프모의고사 07 풀이 및 해설 확인 + 헷갈리기 쉬운 어휘 Check	하프모의고사 08 풀이 및 해설 확인 + 헷갈리기 쉬운 어휘 Check
	9일 / ＿월＿일	10일 / ＿월＿일	11일 / ＿월＿일	12일 / ＿월＿일
3주	하프모의고사 09 풀이 및 해설 확인 + 헷갈리기 쉬운 어휘 Check	하프모의고사 10 풀이 및 해설 확인 + 헷갈리기 쉬운 어휘 Check	하프모의고사 11 풀이 및 해설 확인 + 헷갈리기 쉬운 어휘 Check	하프모의고사 12 풀이 및 해설 확인 + 헷갈리기 쉬운 어휘 Check
	13일 / ＿월＿일	14일 / ＿월＿일	15일 / ＿월＿일	16일 / ＿월＿일
4주	하프모의고사 13 풀이 및 해설 확인 + 헷갈리기 쉬운 어휘 Check	하프모의고사 14 풀이 및 해설 확인 + 헷갈리기 쉬운 어휘 Check	하프모의고사 15 풀이 및 해설 확인 + 헷갈리기 쉬운 어휘 Check	하프모의고사 16 풀이 및 해설 확인 + 헷갈리기 쉬운 어휘 Check

2 2주 단기 완성 학습 플랜

• 2주 동안 문제 풀이에 집중하여, 실전 감각을 극대화하고 싶은 수험생에게 추천합니다.

	1일 /__월__일	2일 /__월__일	3일 /__월__일	4일 /__월__일
1주	하프모의고사 01-02 풀이 및 해설 확인 + 헷갈리기 쉬운 어휘 Check	하프모의고사 03-04 풀이 및 해설 확인 + 헷갈리기 쉬운 어휘 Check	하프모의고사 05-06 풀이 및 해설 확인 + 헷갈리기 쉬운 어휘 Check	하프모의고사 07-08 풀이 및 해설 확인 + 헷갈리기 쉬운 어휘 Check
	5일 /__월__일	6일 /__월__일	7일 /__월__일	8일 /__월__일
2주	하프모의고사 09-10 풀이 및 해설 확인 + 헷갈리기 쉬운 어휘 Check	하프모의고사 11-12 풀이 및 해설 확인 + 헷갈리기 쉬운 어휘 Check	하프모의고사 13-14 풀이 및 해설 확인 + 헷갈리기 쉬운 어휘 Check	하프모의고사 15-16 풀이 및 해설 확인 + 헷갈리기 쉬운 어휘 Check

하프모의고사 학습 방법

STEP 01
하프모의고사를 풀고
시간 및 개수 기록하기

STEP 02
약점 보완 해설집을 통해
취약점 보완하기

STEP 03
헷갈리기 쉬운
어휘 Check하기

해커스공무원학원·공무원인강
gosi.Hackers.com

매일 하프모의고사 1~16일

 잠깐! 하프모의고사 전 확인 사항

하프모의고사도 실전처럼 문제를 푸는 연습이 필요합니다.

☑ 휴대전화는 전원을 꺼 주세요.

☑ 연필과 지우개를 준비하세요.

☑ 목표 시간 내 최대한 많은 문제를 정확하게 풀어 보세요.

매회 하프모의고사 전, 위 사항을 점검하고 시험에 임하세요.

01 다음 중 의미 중복이 없는 문장은?

① 학급의 과반수 이상이 가을 현장학습에 찬성했다.

② 그녀의 머리가 하얗게 세는 것을 보니 세월이 느껴졌다.

③ 아버지는 숙소에 도착하자마자 집으로 전화를 거셨다.

④ 우리 고장을 대표하는 축제는 매해마다 열린다.

02 다음 이야기와 관련이 있는 사자성어는?

> 제나라의 시조 강태공이 제나라로 부임을 가던 길에 한 숙소에 묵게 되었다. 그 숙소의 주인이 강태공을 보고는 "선생의 태도를 보니 너무 풀어져 있어 제후의 임무를 맡기 위해 가는 사람 같아 보이지 않네요. 사람에게 찾아온 시기는 얻기 어렵지만 잃기는 쉬운 법입니다."라고 말하였고, 강태공은 이 말에 정신이 들어 서둘러 길을 나서 제나라에 도착하였다.

① 難得易失 ② 哀而不悲

③ 敬天愛人 ④ 亡羊之歎

03 다음을 모두 만족시키는 표어로 적절한 것은?

> ○ 스마트폰 과다 사용으로 인한 시력 저하를 경고한다.
> ○ 행위의 결과를 직접적으로 표현한다.
> ○ 남녀노소 이해할 수 있는 쉬운 표현을 사용한다.

① 시력을 지키는 일, 스마트폰과 멀어지는 일

② 소탐대실! 작은 즐거움을 추구하다가 큰 것을 잃으시겠습니까?

③ 스마트폰을 오래 바라볼수록 당신의 시력은 떨어집니다.

④ 환해지는 스마트폰의 불빛, 꺼져가는 당신의 시력

04 밑줄 친 부분의 발음이 현행 표준 발음법에 따른 표준 발음이 아닌 것은?

① 앞마당에 꽃이 핀 걸 보니 봄이 오나 보다.
→ 앞마당[암마당]

② 언니는 이번 주말에 상견례를 하기로 했다.
→ 상견례[상결례]

③ 이제 더위가 가셨으니 홑이불을 집어넣자.
→ 홑이불[혼니불]

④ 이유를 막론하고 일단 사과부터 하는 게 좋겠다.
→ 막론[망논]

05 다음 대화에서 밑줄 친 부분의 표현 효과에 대한 설명으로 적절한 것은?

> 지우: 벌써 내일부터 기말고사네. 기말고사 끝나면 동아리원들하고 다 같이 놀러 갈까? 방 탈출 카페 어때?
> 용재: 방 탈출 카페 좋다. 그런데 여러 명이 가기에는 아무래도 놀이공원이 낫지 않을까? 이번에 핼러윈 축제도 한대.
> 지우: 좋아. 방 탈출 카페보다는 야외인 놀이공원이 낫겠다!

① 자신의 의견과 상대방의 의견 사이의 차이점을 최소화하고, 일치점을 극대화하고 있다.

② 자신에 대한 칭찬을 최소화하고 자신에 대한 비방을 극대화하고 있다.

③ 상대방에게 부담이 되는 표현은 최소화하고 상대방의 이익을 극대화하고 있다.

④ 다른 사람에 대한 비방을 최소화하고 칭찬을 극대화하고 있다.

06 밑줄 친 말의 의미는?

> 일이 이렇게 되고 보니 삶이 참 초로와 같다는 생각이 든다.

① 몹시 괴롭거나 애가 타다.
② 인생 따위가 덧없고 허무하다.
③ 모진 재앙을 당하다.
④ 어떤 일에서 벗어나지 못하다.

07 통사적 합성어의 유형과 그 예가 맞지 않는 것은?

① 주어와 용언이 결합된 경우 – 겁늙다
② 관형어와 명사가 결합된 경우 – 온종일
③ 용언의 관형사형과 명사가 결합된 경우 – 뜬소문
④ 부사와 부사가 결합된 경우 – 이런저런

08 다음 글의 전개 방식으로 가장 적절한 것은?

> 다도해를 생활 터전으로 삼고 살아온 육지부 주민과 도서지방 주민들은 일찍이 독특한 생활공동체를 형성하였는데, 이들은 해로를 통하여 이웃 전남 해안 주민과 접촉을 할 수 있었기 때문에 중앙 저지나 서부산지 외에도 전남 해안과의 문화교류가 상당히 활발했을 가능성이 높다. 그러므로 한려수도 일대에는 해양 문화권의 특성을 지닌 전통가옥이 발달할 수 있었을 것이다. 동시에 이 지방은 남해안 지방과 인접한 중앙 저지 건축문화의 영향도 받았을 것이다. 그러나 남해안 지방의 전통가옥은 경남 내의 타 지방과 다소 다른 특성을 지니고 있는데, 이는 앞에 제시한 문화적 요인 외에도 이 지방의 자연환경과 무관하지 않을 것이다. (중략)
>
> 남해안 지방 전통가옥의 특성은 첫째, 안채를 기준으로 할 때 분산형 홑집과 집중형 겹집을 절충한 가옥이 많고, 둘째, 마루를 폐쇄하여 안청으로 사용하는 집이 보이며, 셋째, 타 지방에서 흔히 보이는 뒤주·곳간·헛간보다는 어구 창고가 널리 분포하고, 넷째, 채의 분화가 덜 이루어져 상류층 또는 대농형 가옥이 많지 않은 점이다. 이는 남해안 및 도서지방에 넓은 평야가 적어 타 지방에 비해 명문 사족의 동족촌 발달을 촉진시키지 못했기 때문이다. 그러나 다소 넓은 해안평야가 발달한 곳에는 규모가 큰 주택도 분포한다. 그 밖에도 이 지방의 가옥들은 내륙 지방과 달리 가옥의 향이 바다와 밀접한 관계를 가지고 있는 점이 특이하다.
>
> — 최영준, '개화기의 주거생활사'

① 주요 용어의 개념을 설명하고, 용어가 사용된 학술적 사례를 구체적으로 들고 있다.
② 하나의 대상이 시간의 흐름에 따라 어떻게 변화했는지 변천사를 설명하고 있다.
③ 서술 대상의 발달 배경을 먼저 제시하고, 대상의 특징을 분류화하여 설명하고 있다.
④ 하나의 개념에서부터 뻗어 나온 상반되는 두 현상을 비교 분석하고 있다.

09 ⊙에 대한 해석으로 가장 옳은 것은?

내 조카 허친(許親)이 집을 짓고서는 통곡헌이란 이름의 편액을 내다 걸었다. 그러자 모든 사람들이 크게 비웃으며 말했다.

"세상에는 즐길 일들이 얼마나 많거늘 무엇 때문에 곡(哭)이란 이름을 내세워 집에 편액을 건단 말이냐? 게다가 곡이란 상(喪)을 당한 자식이나 버림받은 여인이 하는 행위이다. 세상 사람들은 그런 자들의 곡소리를 몹시 듣기 싫어한다. 자네가 남들은 기필코 꺼리는 것을 일부러 가져다가 집에 걸어 두는 이유가 대체 무엇인가?"

그러자 허친이 이렇게 대꾸하였다.

"⊙ 저는 이 시대가 즐기는 것은 등지고, 세상이 좋아하는 것은 거부합니다. 이 시대가 환락을 즐기므로 저는 비애를 좋아하며, 이 세상이 우쭐대고 기분 내기를 좋아하므로 저는 울적하게 지내렵니다. 세상에서 좋아하는 부귀나 영예를 저는 더러운 물건인 양 버립니다. 오직 비천함과 가난, 곤궁과 궁핍이 존재하는 곳을 찾아가 살고 싶고, 하는 일마다 반드시 이 세상과 배치되고자 합니다. 세상에서 제일 미워하는 것은 언제나 곡하는 행위입니다. 이것을 능가하는 일은 없습니다. 그래서 저는 곡이란 이름을 내세워 제 집의 이름으로 삼았습니다."

그 사연을 듣고서 나는 조카를 비웃은 많은 사람들을 준엄하게 꾸짖었다.

"곡하는 것에도 도(道)가 있다. 인간의 일곱 가지 정[七情] 가운데 슬픔보다 감동을 일으키기 쉬운 것은 없다. 슬픔이 이르면 반드시 곡을 하기 마련인데, 그 슬픔을 자아내는 사연도 복잡다단하다. 그렇기 때문에 시사(時事)가 어떻게 해 볼 도리가 없이 진행되는 것을 가슴 아프게 생각하여 통곡한 가의가 있었고, 하얀 비단실이 본바탕을 잃고 다른 색깔로 변하는 것을 슬퍼하여 통곡한 묵적이 있었으며, 갈림길이 동쪽·서쪽으로 나 있는 것을 싫어하여 통곡한 양주가 있었다. 또 막다른 길에 봉착하게 되어 통곡한 완적이 있었으며, 좋은 시대와 좋은 운명을 만나지 못해 스스로 인간 세상 밖에 버려진 신세가 되어, 통곡하는 행위로써 자신의 뜻을 드러내 보인 당구가 있었다. 저 여러 군자들은 모두가 깊은 생각이 있어서 통곡했을 뿐, 이별에 마음이 상해서나 남에게 굴욕을 느껴 가슴을 부여안은 채, 아녀자가 하는 통곡을 좀스럽게 흉내 내지 않았다."

– 허균, '통곡헌기(慟哭軒記)'

① 곡하는 행위를 주로 하는 아녀자들에 대한 동조의 의지가 담긴 표현이다.

② '통곡헌'이라는 이름을 비웃는 세상 사람들에 대한 서운함이 담긴 표현이다.

③ 슬픔의 통곡을 즐겨 했던 여러 군자들을 존경하는 마음이 담긴 표현이다.

④ 그릇된 가치관을 추구하는 세상을 따르지 않겠다는 의지가 담긴 표현이다.

10 다음 글을 읽고 한 추론으로 적절한 것은?

위험분담제도(Risk-sharing Mechanism)는 사회적 또는 경제적인 위험을 분담하는 체계이다. 이 체계는 개인이나 조직이 직면하는 위험 요소에 대한 보호 및 보상을 제공하여 안정성과 공정성을 확보하는 데 목적이 있다. 위험분담제도는 다양한 분야에서 적용되며, 금융, 보험, 건강관리, 기업 경영 등 다양한 영역에서 활용된다. 위험분담제도는 개인이나 조직이 직면하는 위험 상황에서 발생하는 손실을 분산시키는 방식으로 작동한다. 이를 통해 개인이나 조직은 자원과 능력에 비해 큰 위험을 효과적으로 관리할 수 있다. 예를 들어, 보험 회사는 보험료를 받아 개인이나 조직이 손해를 입을 경우 보상을 제공하여 손실을 분담한다. 이를 통해 개인이나 조직은 큰 위험에 대비하고 더 안정적으로 경제 활동을 수행할 수 있다. 위험분담제도는 여러 가지 이점을 제공한다. 첫째, 개인이나 조직은 불확실한 상황에서도 안정성을 확보할 수 있다. 예기치 않은 사건이나 재정 위기 등으로 인해 발생하는 위험에 대비하여 보호받을 수 있다. 이는 개인이나 조직이 경제적으로나 사회적으로 파괴적인 영향을 받지 않고 지속적인 발전을 이룰 수 있게 한다. 둘째, 위험분담제도는 경제 활동의 공정성을 증진시킬 수 있다. 위험은 모든 개인이나 조직이 동일하게 부담할 수 있는 것이 아니다. 예를 들어, 자연재해나 금융 위기와 같은 위험은 개인이나 소수의 기업에게 큰 타격을 주는 경우가 많다. 위험분담제도는 이러한 불공정한 상황을 완화하고, 위험을 분산시킴으로써 사회적 공정성을 확보한다. 셋째, 위험분담제도는 경제 시스템 전반의 안정성을 증진시킬 수 있다. 경제는 불확실성과 위험이 함께 존재한다. 이에 대처하기 위해서는 개인이나 조직의 위험을 효과적으로 분담하는 것이 중요하다. 위험분담제도를 통해 경제 시스템은 보다 안정적이고 탄력적인 구조를 갖추게 되어 경제 위기의 파급효과를 최소화할 수 있다. 하지만 위험분담제도 역시 한계와 문제점을 가지고 있다. 이는 위험 분담의 균형과정에서 발생하는 정보 비대칭성, 위험의 부당한 분담, 체계적인 악용 등이 포함된다. 따라서 위험분담제도의 설계와 운영에는 신중함과 투명성이 필요하며, 이를 위한 법적인 규제와 정부의 개입이 필요하다. 결론적으로, 위험분담제도는 개인이나 조직이 직면하는 위험을 분산시켜 안정성과 공정성을 확보하는 체계이다. 이는 경제와 사회의 안정성과 지속적인 발전을 위해 중요한 역할을 한다. 그러나 위험분담제도의 효과적인 운영을 위해서는 균형과 투명성, 법적 규제 등을 고려하여 설계되어야 한다.

① 자연재해가 발생할 경우 위험분담제도는 피해를 입은 기업에게는 오히려 손해를 입혀 공정성을 해칠 수 있다.
② 위험분담제도가 적절하게 시행된다면 경제 위기가 발생했을 때 개인의 피해를 최소화할 수 있다.
③ 위험분담제도에서 발생하는 정보의 비대칭성은 경제의 지속적인 발전에 있어서 필요한 요소이다.
④ 탄력적인 경제 시스템은 위험의 부당한 분담을 초래할 수 있다.

✓ 헷갈리기 쉬운 어휘 Check

다음 중 올바른 어휘에 동그라미표 치시오.

01 (댑다, 딥다) 큰소리만 친다고 될 게 아니다.

02 (댓닢, 댓잎)이 바람에 스치는 소리가 들린다.

03 눈이 (올는지, 올런지) 날씨가 좀 포근해졌다.

04 (성인이래야만, 성인이라야만) 들어갈 수 있다더군.

05 수업 시간에 (바늘질, 바느질)을 처음 배웠다.

06 진구는 플라스틱 (박아지, 바가지)로 보리를 퍼 담았다.

07 (사단, 사달)이 나도 단단히 났군.

08 올해 여름휴가는 (사둔, 사돈)과 함께 가는 것이 어떨까?

09 오늘은 매운 (아귀찜, 아구찜)을 저녁으로 먹자.

10 이제 봄이니 (아지랭이, 아지랑이)를 볼 수 있겠다.

바로 채점하기
정답·해설 _약점 보완 해설집 p.2

01	③	02	①	03	③	04	②	05	①
06	②	07	④	08	③	09	④	10	②

정답 | 01 딥다   06 바가지
02 댓잎   07 사달
03 올는지   08 사돈
04 성인이라야만   09 아귀찜
05 바느질   10 아지랑이

01 밑줄 친 부분 중 띄어쓰기가 옳은 것은?

① 구름이 잔뜩 낀 걸 보니 오후에는 소나기가 올 듯 하다.
② 동생마저 집에 없으니 나라도 일찍 들어가야겠다.
③ 이모가 한국에 왔다 가신 게 벌써 지난 겨울의 일이다.
④ 그 선수는 은퇴 직후에 대표팀의 총 감독을 맡았다.

03 밑줄 친 부분 중 음운의 탈락 현상이 나타나지 <u>않은</u> 것은?

① 조카가 많이 커서 작년에 사 준 옷이 맞지 않는다.
② 두 사람이 먹기에는 음식의 양이 많은 것 같은데?
③ 약속 시간이 지났으니 지금 빨리 가서 사과하는 게 좋겠다.
④ 저번에 봐 둔 식탁을 아까 주문했으니까 곧 도착할 거야.

02 다음은 보고서의 목차이다. 내용상 적절하지 <u>않은</u> 것은?

> 제목: 아파트 단지 내 도서관 이용 활성화를 위한 방안
>
> Ⅰ. 아파트 단지 내 도서관 사업의 배경
>   1. 단지 내 주민 전용 도서관의 필요성 ·········· ㉠
> Ⅱ. 도서관 운영 방식 및 주민들의 사용 현황
>   1. 도서관의 규모 및 시설 분석
>   2. 도서관 보유 도서량 파악 ····················· ㉡
>   3. 타 단지 주민들의 아파트 도서관 건립 상황 ㉢
> Ⅲ. 도서관 이용률 저하의 원인 파악
>   1. 도서관 보유 도서의 체계적 관리 미흡 ······· ㉣
>   2. 예산 부족으로 인한 시설 낙후
> Ⅳ. 단지 내 도서관 활성화를 위한 개선 방안
>   ⋮

① ㉠   ② ㉡
③ ㉢   ④ ㉣

04 밑줄 친 부분을 한자로 올바르게 바꾼 것은?

> ○ 새 법안의 검토를 위해 각계의 전문가들이 집무실로 집결하였다.
> ○ 검찰에서는 사건의 증인을 소환해서 조사하기로 했다.

① 集結 – 召喚   ② 集缺 – 所喚
③ 輯結 – 召喚   ④ 輯缺 – 所喚

05 다음 국어사전의 정보를 참고할 때, 접두사 '한-'의 의미가 <u>다른</u> 것은?

┌─── 보기 ───┐
한- 「접사」(일부 명사 앞에 붙어)
1. '큰'의 뜻을 더하는 접두사
2. '정확한' 또는 '한창인'의 뜻을 더하는 접두사
└────────────┘

① 경찰서에서 연락이 온 시간은 모두가 잠든 한밤중이 었다.
② 반장은 시험을 잘 보고 나서야 한잠을 푹 잤다고 말했다.
③ 그는 앓고 있던 병의 완치 판정을 받아 한걱정을 덜었다.
④ 그녀는 한겨울의 정취가 좋아 혼자서 오랫동안 길을 걸었다.

06 비통사적 합성어로만 묶인 것은?

① 부르짖다, 보살피다
② 남다르다, 힘쓰다
③ 오가다, 건널목
④ 새것, 부슬부슬

07 의미가 <u>다른</u> 한자어는?

① 득어망전(得魚忘筌)
② 하석상대(下石上臺)
③ 감탄고토(甘呑苦吐)
④ 부염기한(附炎棄寒)

08 다음 글을 읽고 이해한 내용으로 바르지 <u>않은</u> 것은?

아버지는 아들의 뒤를 쫓아 이내 개울에서 들어 왔다. 아들은, 의사인 아들은, 마치 환자에게 치료 방법을 이르듯이, 냉정히 차분차분히 이야기를 시작하였다. 외아들인 자기가 부모님을 진작 모시지 못한 것이 잘못인 것, 한집에 모이려면 자기가 병원을 버리기보다는 부모님이 농토를 버리시고 서울로 오시는 것이 순리인 것, 병원은 나날이 환자가 늘어가나 입원실이 부족되어 오는 환자의 삼분지 일밖에 수용 못 하는 것, 지금 시국에 큰 건물을 새로 짓기란 거의 불가능한 일인 것, 마침 교통 편한 자리에 삼층 양옥이 하나 난 것, 인쇄소였던 집인데 전체가 콘크리트여서 방화 방공으로 가치가 충분한 것, 삼층은 살림집과 직공들의 합숙실로 꾸미었던 것이라 입원실로 변장하기에 용이한 것, 각 층에 수도, 가스가 다 들어온 것. 그러면서도 가격은 염한 것, 염하기는 하나 삼만이천 원이라 지금의 병원을 팔면 일만오천 원쯤은 받겠지만 그것은 새집을 고치는 데와, 수술실의 기계를 완비하는 데 다 들어갈 것이니 집값 삼만이천 원은 따로 있어야 할 것, 시골에 땅을 둔대야 일 년에 고작 삼천 원의 실리가 떨어질지 말지 하지만 땅을 팔아다 병원만 확장해 놓으면, 적어도 일 년에 만 원 하나씩은 이익을 뽑을 자신이 있는 것, 돈만 있으면 땅은 이담에라도, 서울 가까이라도 얼마든지 좋은 것으로 살 수 있는 것……. 아버지는 아들의 의견을 끝까지 잠잠히 들었다. 그리고,

"점심이나 먹어라. 나두 좀 생각해 봐야 대답허겠다."

하고는 다시 개울로 나갔고, 떨어졌던 다릿돌을 올려놓고야 들어와 그도 점심상을 받았다.

점심을 자시면서였다.

"원, 요즘 사람들은 힘두 줄었나 봐! 그 다리 첨 놀 제 내가 어려서 봤는데 불과 여나믄이서 꺼들던 돌인데, 장정 수십 명이 한나잘을 씨름을 허다니?"

"나무다리가 있는데 건 왜 고치시나요?"

"너두 그런 소릴 허는구나. 나무가 돌만 하다든? 넌 그 다리서 고기 잡던 생각두 안 나니? 서울로 공부 갈 때 그 다리 건너서 떠나던 생각 안 나니? 시쳇사람들은 모두 인정이란 게 사람헌테만 쓰는 건 줄 알드라! 내 할아버님 산소에 상돌을 그 다리로 건너다 모셨구, 내가 천잘 끼구 그 다리루 글 읽으러 댕겼다. 네 어미두 그 다리루 가말 타구 내 집에 왔어. 나 죽건 그 다리루 건너다 묻어라…… 난 서울 갈 생각 없다."

"네?"

"천금이 쏟아진대두 난 땅은 못 팔겠다. 내 아버님께서 손수 이룩허시는 걸 내 눈으루 본 밭이구, 내 할아버님께서 손수 피땀을 흘려 모신 돈으루 작만허신 논들이야. 돈 있다고 어디 가 느르지논 같은 게 있구, 독시장밭 같은 걸 사? 느르지논 둑에 선 느티나문 할아버님께서 심으신 거구, 저 사랑 마당에 은행나무는 아버님께서 심으신 거다. 그 나무 밑에를 설 때마다 난 그 어른들 동상(銅像)이나 다름없이 경건한 마음이 솟아 우러러보군 헌다. 땅이란 걸 어떻게 일시 이해를 따져 사구 팔구 허느냐?"

– 이태준, '돌다리'

① 구세대를 대표하는 아버지와 신세대를 대표하는 아들의 갈등 양상이 나타나 있다.

② 아버지는 땅에서부터 비롯된 전통적인 가치를 중요시하고, 아들은 돈과 같은 물질적 가치를 추구하고 있다.

③ 갈등의 핵심은 돌다리를 우선시하는 아버지와 나무다리의 기능을 중시하는 아들의 충돌이다.

④ 아버지는 가족의 역사를 떠오르게 하는 매개를 경시하는 태도를 경계하고 있다.

---

09 ㉠에 해당하는 사례를 설명한 것으로 적절하지 않은 것은?

몇 년 전 관객들이 영화가 재미없다며 집단적으로 극장 측에 항의하는 사건이 일어났다. 그 가운데 일부는 관람료를 돌려받았다고 한다. 그러나 과연 관객들의 주장처럼 영화가 재미없는 게 극장 탓이었을까? 영화를 보기로 선택한 책임을 본인이 져야 했던 것은 아닐까?

모든 선택에는 편익(便益)과 비용(費用)이 발생하는데 이중 어느 게 큰지를 비교하면 된다. 편익은 선택으로부터 얻을 수 있는 금전적 이득이나 정신적 만족을 말한다. 잠을 덜 자고 공부를 많이 하면 좋은 성적을 얻을 수 있고, 옷을 사면 기분이 좋아지고, 여가를 즐기면 생산성이 높아지는 편익이 생긴다. 그런데 선택에 편익만 따르는 건 아니다. 반드시 비용이 발생한다. 만약 비용이 없다면 모두를 선택하는 게 최상일 것이다. '밑져야 본전'이므로.

선택의 기본 원리는 매우 단순 명료하다. 편익이 비용보다 크면 선택하고, 비용이 편익보다 크면 선택하지 않는다. 한마디로 선택의 득(得)과 실(實)을 따지라는 것이다. 경제학자들은 이러한 선택 방법을 ㉠ '비용 편익 분석(cost-benefit analysis)'이라고 부른다.

이 원리가 어렵다고 생각하는가? 하지만 여러분이 지금까지 했던 수많은 선택들은 대부분 암묵적으로 이 원리에 따랐을 것이다. 모든 사람들의 본능 속에는 경제 원리가 작동하고 있다. 아니, 경제 원리라는 것 자체가 보통 사람들의 본능을 정리한 것에 불과하다.

– 한진수, '경제학 에센스'

① 신혼부부 A씨와 B씨는 결혼 후 고급 자동차를 구입해 출퇴근 시간을 절반으로 줄였다.

② 자취를 하는 대학생 C군은 일일이 재료를 사서 요리를 하지 않고 단골 식당에서 간단히 저녁을 해결한다.

③ 직장인 D씨는 좋아하는 브랜드의 신상품을 구입하려다가 디자인이 마음에 들지 않아 구입을 포기하였다.

④ E 기업에서는 대중적으로는 잘 팔리지 않지만 마니아 고객층이 있는 상품을 계속 생산하기로 결정했다.

10 괄호 안에 들어갈 내용으로 가장 적절한 것은?

> 오늘날 사회통합 및 국가 정체성 확립은 다문화사회의 지속 가능한 유지·발전을 위해 없어서는 아니 될 필수조건이다. 자유민주적 기본질서를 바탕으로 한 다문화사회에서 다문화성의 이념의 헌법에 따른 평등을 기반으로 하여 문화적 다원성을 보장한다는 원칙에 지향을 두고 있다. 하지만 서로 다른 문화적 실천의 공존이 어느 정도로 기회와 권리의 평등에 기초하고 있는지 아니면 문화적 차이와 다양성의 상호인정에 기초하고 있는지에 관한 질문은 경험적으로 답해야 할 열려 있는 문제이다.
>
> 사람들이 처해 있는 맥락에 따라 다문화사회에 대한 입장과 태도는 다양한 방식으로 나타날 수 있다. 예를 들면 다문화 거리 축제와 같이 외국 혹은 이국풍을 선호하는 행사로 나타날 수 있다. 또는 상호 생활을 풍부하게 하는 것으로 간주하거나, 비록 마음에 들지 않는 측면이 있더라도 가능하면 허용·인정·관용하려는 자세, 즉 상호 이해에 지향을 둔 접근 방안으로 나타날 수 있다. 그렇지 않으면 갈등이론에 따른 담론으로 나아가거나, 심지어 타자 공포증에 입각한 문명충돌 혹은 문화투쟁을 우려하는 환상으로 비화될 수도 있다.
>
> 어쨌든 현대의 다문화사회에서 공존, 병존, 혼합이 성공적으로 이루어지기 위해 중요한 조건이 되는 것은 문화적 타자(혹은 낯섦)에 대해 (   )이다.
>
> ─허영식·정창화, '간문화주의를 통한 사회통합과 국가정체성 확립'

① 감수성을 갖춘 상태에서 자신을 개방하려는 자세와 능력
② 포용력 있는 태도로 문화 사대주의적 경향을 갖추는 것
③ 문화적 동화를 목표로 그들의 학습을 도우려는 적극적 자세
④ 사회적 정체성을 배제하고 그들과 네트워킹을 하려는 시도

바로 채점하기　　　정답·해설 _약점 보완 해설집 p.5

01	②	02	③	03	④	04	①	05	③
06	①	07	②	08	③	09	④	10	①

다음 중 올바른 어휘에 동그라미표 치시오.

01 될수록 큰 병에, 한 되짜리 (댓병, 됫병)으로 가득 담아 와라.

02 너무 어린 데다 (더우기, 더욱이) 계집애였다.

03 (마늘쫑, 마늘종)도 좋은 안주지.

04 동생은 (마소, 말소)에게 먹이를 주러 나갔다.

05 (발목장이, 발목쟁이)에 망치를 달았는지 자꾸 쿵쿵거린다.

06 노동은 근로자의 손바닥에 굳은살이 (배기게, 박이게) 하고.

07 건물주는 반지하인 아래채를 (사글세, 삭을세)로 세놓았다.

08 영철는 (사사일, 사삿일)로 기분이 좋지 않았다.

09 먼저 게임을 하겠다고 (아옹다옹, 아옹당) 싸운다.

10 (악마구리, 악머구리)처럼 떠들어대는 통에 정신이 없었어.

정답 |
01 됫병　　06 박이게
02 더욱이　07 사글세
03 마늘종　08 사삿일
04 마소　　09 아옹다옹
05 발목쟁이 10 악머구리

01 밑줄 친 부분의 품사가 나머지 셋과 <u>다른</u> 것은?

① 할머니는 아침마다 <u>새</u> 의자에 앉아 창밖을 내다보신다.
② 약속 장소를 잘못 알려줘서 그녀를 <u>못</u> 만났다.
③ 학교에 가기 위해서는 <u>그</u> 집을 지나야 한다.
④ 제시간에 과제를 제출한 학생은 <u>한</u> 사람뿐이었다.

02 다음 중 의미 중복이 <u>없는</u> 문장은?

① 너와 내가 보는 관점이 다르므로 결론이 다른 건 당연하다.
② 그 친구와는 연락이 끊긴 지 근 일 년 가까이 됐다.
③ 선생님이 말씀하신 책을 구하는 데 어려움을 겪었다.
④ 다음 방송을 미리 예고해서 긴장감이 떨어졌다.

03 다음 문장과 관련된 속담으로 가장 적절한 것은?

> 그 사람은 저지른 죄가 다 입증된 후에도 경찰 조사에서 자신이 처했던 상황에 대해 계속 설명했다.

① 도토리 키 재기
② 고양이에게 생선 맡기다
③ 누워서 침 뱉기
④ 핑계 없는 무덤 없다

04 다음의 밑줄 친 부분과 문맥적 의미가 가장 가까운 것은?

> 누나는 내가 무슨 생각을 하는지 훤히 <u>읽고</u> 있었다.

① 새로 출시된 프로그램은 데이터를 <u>읽는</u> 시간을 줄여주었다.
② 조카가 동화책을 소리 내어 <u>읽는</u> 모습이 무척 귀여웠다.
③ 1등을 한 사람의 얼굴에서 이 시험에 대한 결의를 <u>읽</u>을 수 있었다.
④ 그녀는 악보를 <u>읽는</u> 실력이 타고난 사람이었다.

05 다음에 공통적으로 적용되는 표준어 규정으로 가장 옳은 것은?

> 부엌, 살쾡이, 나팔꽃

① 양성 모음이 음성 모음으로 바뀌어 굳어진 단어는 음성 모음 형태를 표준어로 삼는다.

② 예사소리나 된소리가 거센소리로 변한 경우, 거센소리를 가진 형태를 표준어로 삼는다.

③ 어원에서 멀어진 형태로 굳어져서 널리 쓰이는 것은, 그것을 표준어로 삼는다.

④ 모음의 발음 변화를 인정하여, 발음이 바뀌어 굳어진 형태를 표준어로 삼는다.

06 밑줄 친 부분을 고유어로 바꿀 때 적절한 것은?

① 이번 주주총회에서 현재 대표자가 실각의 위기를 맞았다는 소문이 돌았다. → 물러날

② 셔틀버스가 운행하는 시간을 잘못 적어 둔 바람에 한참 기다렸다. → 나아가는

③ 그 강사는 학생들에게 물리학을 교수하는 사람이다. → 물려주는

④ 핵심 업무에 참여하게 된 두 팀 간의 사이가 매우 밀접했다. → 비슷했다

07 다음 중 <보기>의 표현 방식이 사용된 것은?

| 보기 |

비유법이란 나타내고자 하는 대상을 그것과 비슷한 다른 대상에 빗대어 표현하는 방법을 의미한다.

> 내 고장 칠월은
> ㉠ 청포도가 익어 가는 시절
>
> 이 마을 전설이 주저리주저리 열리고
> 먼 데 하늘이 꿈꾸며 알알이 들어와 박혀
>
> 하늘 밑 ㉡ 푸른 바다가 가슴을 열고
> 흰 돛단배가 곱게 밀려서 오면
>
> 내가 바라던 손님은 고달픈 몸으로
> 청포(靑袍)를 입고 찾아온다고 했으니
>
> 내 그를 맞아 이 포도를 따 먹으면
> ㉢ 두 손은 함뿍 적셔도 좋으련
>
> ㉣ 아이야 우리 식탁엔 은쟁반에
> 하이얀 모시 수건을 마련해 두렴
>
> — 이육사 '청포도'

① ㉠   ② ㉡

③ ㉢   ④ ㉣

08 다음 글의 서술 방식으로 가장 적절한 것은?

초음파 검사는 아기의 성장과정을 추적할 수 있는 가장 안전한 방법이라는 점에서 그리고 태아의 여러 가지 기형적 발생을 직접 눈으로 추적할 수 있다는 점에서 유용한 방법이다. 초음파 검사를 시도하는 시기는 대체로 18주에서 20주 사이이다. 소리와 마찬가지로 초음파도 공기보다는 물에서 더 큰 반향을 일으키기 때문에 양수가 어느 정도 들어차야만 검사가 가능하기 때문이다. 양수는 최소 18주가 지나야 충분한 양으로 들어차게 된다. 요즈음 부모들은 매달 아기가 자라나는 모습을 초음파로 찍고 싶어 한다. 그러나 의학적 진단의 목적에서는 임신 기간 중 두 번의 초음파 검사면 충분하다. 한 번은 18~20주 사이에 성장 과정을 관찰하기 위함이고 다른 한 번은 출생 바로 직전에 아기의 위치를 확인하기 위해서이다. 간혹 10~13주경 또는 그 이전에 어쩔 수 없이 특별 초음파 검사를 하는 경우도 있다. 이런 경우는 임신 초기에 출혈이 심하거나 임신 시점이 부정확할 경우 또는 임산부의 나이가 많거나 가족력이 있어서 다운증후군이 심하게 우려될 경우이다. 아기의 생식기가 어느 정도 완성되는 시기는 3개월이므로 이 시기를 지나면 초음파로 성별을 확인할 수 있다. 보통 남자아이의 경우는 음경을, 여자아이의 경우는 음순을 관찰한다. 그러나 때로 여자아이의 음순을 관찰하기가 어렵거나 남자 아기가 두 다리로 음경을 감추고 있어 관찰이 어려울 수도 있다. 그리고 임신 말기에는 양수가 줄어들어 오히려 검사가 어려울 수도 있다. 성별 판독을 위한 검사는 일반적으로 98%의 정확도를 보이는데 이는 전적으로 의사의 숙련도와 태아의 위치, 그리고 임신 진행시기 등에 따라 달라지게 마련이다.

– 유민, '바이오테크놀로지와 생명윤리'

① 학술적인 용어의 정의를 설명하여 독자의 이해를 돕고 있다.
② 특정 기술을 사용하는 방식과 목적을 쉽게 설명하고 있다.
③ 양상이 비슷한 두 가지의 개념을 분석하여 비교하고 있다.
④ 사회 현상을 바라보는 서술자의 주관이 추가되어 있다.

09 글의 내용을 바탕으로 ㉠에 대한 답을 추론했을 때 적절한 것은?

스티브 잡스가 죽었을 때 많은 사람들이 그의 서거를 아쉬워했다. 그중에 하나는 그의 창조성에 대한 것이었다. 그가 정녕 창조적이었는가에 대해선 논란이 있지만 창조적 인물이 가는 것은 사회적으로 손해라는 인식이 강하다.

현대는 창조성을 강조한다. 창조성이 강조되지만 창조적 인물에 대한 욕구는 갈급한 상황이다. 그만큼 창조적 인물이 적기 때문이다. 왜 창조적 인물이 줄어드는가?

미국의 경우 두 가지를 든다. 첫째, 교육문제다. 어릴 적에는 창의성을 발휘한다. 그러나 초등학교에 들어가면 대부분 창의성을 상실한다. 시험공부를 열심히 해야 하고, 공상에 잠기거나 신기한 질문을 하면 놀림감이 되기 십상이기 때문이다. 둘째, 독창적인 사람에 대한 부정적인 편견이다. 화가나 소설가 등 창조적인 전문가들을 미치광이, 마약 중독자, 경제적 무능력자로 치부하는 사회 분위기가 부정적으로 작용하고 있다. 이것은 창조적 인물을 양성하기 위한 교육을 강화하고, 창조적 인물에 대한 편견을 없애는 것이 중요하다는 것을 보여준다.

일본은 창조성을 강조한다. 하지만 많은 기업은 창조성을 발휘할 수 없다고 말한다. 여러 이유가 있지만 그동안 일본은 따라잡기 정신에 사로잡혀 새로운 환경에 적응하지 못한 비만 공룡, 용기와 창조적 능력 부족, 토론을 통한 통합적 사고의 부재와 지식의 통합 능력 결여, 그리고 과거의 성공에 집착하다 개혁의 모멘텀을 상실했다는 평가를 받았다. 여기서 ㉠ 우리도 창조성을 높이기 위해 적어도 어떤 기업환경을 만들어야 하는가를 읽을 수 있다.

– 양창삼, '경영혁신과 창조경영'

① 마약 중독자나 경제적 무능력자도 차별 없이 채용해야 한다.
② 창의력과 창조성을 타고난 직원부터 최우선으로 승진시킨다.
③ 미국 및 일본 기업의 사례를 벤치마킹하여 시범적으로 적용한다.
④ 사원끼리 의견 및 지식 교류를 활성화하는 소통 방식을 만든다.

10 한자 성어의 뜻풀이로 옳지 <u>않은</u> 것은?

① 악전고투(惡戰苦鬪): 상황이 좋지 않아 악조건을 무릅쓰고 싸움

② 와신상담(臥薪嘗膽): 목적을 달성하기 위해 온갖 어려움을 견딤

③ 수불석권(手不釋卷): 변함없는 권력은 겸손한 태도에서부터 나옴

④ 식자우환(識字憂患): 많이 알고 있는 만큼 걱정이 많음

다음 중 올바른 어휘에 동그라미표 치시오.

01 애먼 사람에게 (덤터기, 덤테기) 씌우지 마라.

02 여인의 손을 (덥썩, 덥석) 잡았다.

03 (마뜩찮아도, 마뜩잖아도) 할 수 없어. 그의 말을 따라야 해.

04 저 집 (막동이, 막둥이)가 이번에 서울대를 갔다고 해.

05 틀에 (박힌, 박인) 직장 생활

06 영석이는 (반듯이, 반드시) 몸을 누이고 천장을 향해 누워 있었다.

07 고모는 부엌에서 (사잣밥, 사자밥)을 짓고 있었다.

08 딸의 시어머니는 (사부인, 사장어른) 아닌가.

09 이야기 좀 하게 (아랫방, 아래방)에 가 있어라.

10 그 녀석은 워낙 (악바리, 악발이)라서 한번 물고 늘어지면 안 놔.

바로 채점하기 정답·해설 _약점 보완 해설집 p.8

01	②	02	③	03	④	04	③	05	②
06	①	07	②	08	②	09	④	10	③

정답 | 01 덤터기　　06 반듯이
　　　02 덥석　　　07 사잣밥
　　　03 마뜩잖아도　08 사부인
　　　04 막둥이　　09 아랫방
　　　05 박힌　　　10 악바리

01 맞춤법에 맞는 것은?

① 그 사람은 후배들에게 훈계하는 것을 서슴치 않았다.

② 왠만하면 먼저 사과하는 것이 어떻겠니?

③ 늦게 출발했지만 다행이 제시간에 도착했다.

④ 주소를 잘못 적어서 하마터면 큰일 날 뻔했어.

02 반의어에 대한 설명으로 옳지 않은 것은?

① '달다 : 쓰다'는 화자의 주관적인 감정이나 감각 또는 반응에 근거하여 만들어진 대립 관계이다.

② '높다 : 낮다'는 두 단어 사이에 정도를 나타내는 수식어의 꾸밈을 받을 수 있는 관계이다.

③ '죽다 : 살다'는 일정한 기준을 바탕으로 긍정과 부정으로 대립하는 관계이다.

④ '참 : 거짓'은 두 단어 사이에 단계나 정도를 나타낼 수 없는 반의 관계이다.

03 밑줄 친 단어 중 그 의미가 나머지 셋과 가장 다른 것은?

① 전기세를 늦지 않게 <u>내야</u> 한다.

② 지하철역 출구 근처에 가게를 <u>냈다</u>.

③ 어머니는 오늘 구청에 서류를 <u>내셨다</u>.

④ 오늘은 대학에 지원서를 <u>내는</u> 날이다.

04 다음 안내문에 포함된 담화의 기능이 아닌 것은?

> 층간 소음으로 인해 주민 간 갈등이 심화되는 일이 벌어지고 있습니다. 아파트는 공동의 생활 공간이므로 늦은 시간에는 큰 소음이 나지 않도록 주의하여 주시기 바랍니다.
>
> 세대에서 층간 소음으로 불편함을 겪으실 때에는 세대 간 직접 대면하지 마시고, 관리사무소로 연락하여 주시면 안내 방송 및 세대 방문을 통해 불편함을 줄일 방안을 찾도록 하겠습니다.
>
> 또한 우리 아파트와 연계된 층간 소음 전문 상담 센터에 소음 측정 및 갈등 중재를 요청하실 수도 있습니다. 이는 아파트 홈페이지에서 신청 가능합니다.

① 호소 기능   ② 정보 제공 기능

③ 약속 기능   ④ 사교 기능

05 밑줄 친 발음이 표준 발음이 아닌 것은?

① 남자는 그녀의 눈동자[눈똥자] 색깔을 잊을 수가 없었다.

② 동생 방의 커튼은 무늬[무니]가 화려해서 밖에서도 보였다.

③ 팀장님의 이직을 축하하는 의미에서 송별연[송:벼련]을 열었다.

④ 아직 익지 않은[안는] 열매를 땄더니 손에 물만 들었다.

07 다음 ㉠~㉣ 중 그 비유적 표현의 의미가 다른 것은?

> 내가 그의 이름을 불러 주기 전에는
> 그는 다만
> 하나의 ㉠몸짓에 지나지 않았다.
>
> 내가 그의 이름을 불러 주었을 때
> 그는 나에게로 와서
> ㉡꽃이 되었다.
>
> 내가 그의 이름을 불러 준 것처럼
> 나의 이 빛깔과 향기(香氣)에 알맞은
> 누가 나의 이름을 불러 다오.
> 그에게로 가서 나도
> 그의 꽃이 되고 싶다.
>
> 우리들은 모두
> ㉢무엇이 되고 싶다.
> 너는 나에게 나는 너에게
> 잊혀지지 않는 하나의 ㉣눈짓이 되고 싶다.
>
> — 김춘수, '꽃'

① ㉠

② ㉡

③ ㉢

④ ㉣

06 다음 내용에 부합하는 사자성어는?

> 오늘 특강을 오신 ○○○ 박사님은 여러 번의 위기와 실패를 거듭하고도 다시 일어날 수 있었던 원동력이 무엇이었는지 이야기해 주신다고 합니다. 고난과 역경에도 끝까지 포기하지 않았던 박사님의 마음가짐을 배우는 시간이 됐으면 좋겠습니다.

① 권토중래(捲土重來)

② 온고지신(溫故知新)

③ 맹귀부목(盲龜浮木)

④ 격세지감(隔世之感)

08 다음 글의 서술 방식으로 가장 적절한 것은?

언어생활은 우리의 문화 전통에 의해 지배를 받는다. 영어에서는 나이 든 사람에게도 이름을 불러 주어야 섭섭해하지 않지만 국어에서는 이러면 싸움이 일어난다. 이렇게 문화가 언어에 영향을 주는 현상이 잘 드러나는 예 중의 하나가 호칭어와 지칭어이다.

사람을 가리키는 명사는 일상적인 대화에서 부르는 말과 가리키는 말로 나눌 수 있다. 호칭어가 부르는 말이고 지칭어는 가리키는 말이다. 여성이 '어머니'를 부를 경우에는 '엄마'나 '어머니'가 되고 가리켜 말할 때에도 '엄마, 어머니'라 하지만 시댁에서 그 어머니를 지칭하는 경우에는 '친정어머니'가 된다. 형이나 언니가 결혼을 하면 배우자가 생긴다. 형의 아내나 오빠의 아내를 부르려면 '아주머니, 형수님'이나 '언니, 새언니'라고 불러야 한다. 이 말을 몰라 어물어물하면 서운해하거나 이상하게 생각한다.

일반적으로 이러한 호칭어나 지칭어는 따로 있는 것이 아니라 그 사람을 가리키는 명사로 대신하기 때문에 별로 주의를 기울이지 않는 경향이 있다. '선생님'이나 '사장님'은 부를 때나 지칭할 때에 그대로 '선생님'이나 '사장님'이란 말을 사용하면 된다. 그러나 가족 구성원 간에는 그 관계가 복잡하고 또 손아래, 손위가 얽히게 되며 친가 외가가 얽혀 호칭어와 지칭어가 복잡해진다. 또 영어와는 달리 이름을 그대로 사용하지 않고 대개 호칭어와 지칭어를 사용하여야 하므로 잘못 사용하기도 쉽다.

－왕문용, '국어와 의사소통'

① 두 문화의 특징을 비교하여, 각 문화 속 언어의 공통점을 찾아 설명하고 있다.
② 적절한 예시를 들어, 문화와 밀접한 언어 현상에 대해 구체적으로 설명하고 있다.
③ 문화적으로 오류가 있는 언어 현상을 설명하고, 오류를 해결할 대안을 제시하고 있다.
④ 독자의 예상 반응을 먼저 제시하고, 언어를 통해 소통하는 방식을 설명하고 있다.

09 다음을 읽고 가장 옳은 것을 고르시오.

돌고래는 복잡한 의사소통 능력을 가진 것으로 알려진 매우 지능적인 해양 포유동물이다. 그들은 서로 의사소통을 하기 위해 소리, 몸짓, 접촉을 포함한 다양한 방법을 사용한다. 우선 돌고래들은 코에 있는 공기주머니(Paranasal sinus)를 이용해 의사소통한다. 그들은 딸깍 소리, 휘파람 소리, 진동을 포함한 광범위한 소리를 낸다. 딸깍 소리는 반향정위(Echolocation)에 사용되는 광대역 소리로서 돌고래가 물체를 탐색하고 위치를 찾는 데 도움이 된다. 반향정위란 소리를 내고 그것이 반사되어 돌아오는 방향을 해석하여 주변 환경을 탐색하고 인식하는 능력이다. 휘파람은 돌고래들이 사회적 의사소통을 위해 사용하는 더 길고 음색이 좋은 소리이다. 각각의 돌고래는 종종 "서명 호루라기"라고 불리는 독특한 호루라기를 가지고 있는데 개체마다 서로를 식별하는 데 사용할 수 있다.

그들은 정보를 전달하기 위해 직접적인 행동을 취하기도 한다. 공격성을 드러내기 위해 또는 장난을 치고 싶다는 의도로 물 밖으로 뛰거나 꼬리를 두드리거나 곡예를 부린다. 또한, 돌고래들은 사회적 유대감과 소속감을 형성하기 위해 서로 가까이에서 헤엄치거나 몸을 비비는 등 신체 접촉을 허용하기도 한다. 주둥이, 지느러미, 또는 몸을 사용하여 서로를 쿡쿡 찌르거나 쓰다듬는다. 이러한 촉각은 돌고래 사이에 이뤄지는 사회적 상호작용에서 필수적인 부분이다. 돌고래들이 만드는 거품 고리도 의사소통을 위한 것이라고 보는 견해도 있다. 숨구멍을 통해 공기를 불어 수중 소용돌이 고리를 만들고 코와 입을 사용하여 그것을 조작하고 노는 모습을 볼 수 있다. 어떤 학자들은 이러한 행동이 돌고래들 사이의 의사소통과 사회적 상호작용의 한 형태라고 해석한다.

돌고래들은 복잡한 사회 구조를 형성하고 그들의 집단 내에서 강한 유대감을 유지하면서 서로 의사소통하고 상호작용한다. 돌고래의 복잡한 의사소통 시스템에 대한 과학자들의 지속적인 연구에 힘입어, 돌고래의 의사소통에 대한 우리의 이해는 차츰 더 나아지고 있다.

① 돌고래는 의사소통을 위해 주로 소리를 이용한다.
② 돌고래는 개체를 구분할 수 있는 특별한 방법이 있다.
③ 돌고래의 거품 고리는 오직 놀이를 위한 것이다.
④ 돌고래가 꼬리를 두드린다면 잠시 후 그 돌고래는 반드시 상대방을 공격할 것이다.

10 ㉠~㉣ 중 지시 대상이 같은 것끼리 묶인 것은?

> A: 지금 오는 ㉠이 버스를 타면 갈아타지 않아도 되겠지?
> B: 여기 안내판에 있는 ㉡이 버스를 타는 건 어때? 내려서 조금 걸어야 하긴 하지만, ㉢저 버스보다 지름길로 가는 것 같아.
> A: 그럼 ㉣그 버스를 타는 게 빠르겠다.

① ㉠, ㉡   ② ㉠, ㉢
③ ㉡, ㉢   ④ ㉢, ㉣

다음 중 올바른 어휘에 동그라미표 치시오.

01 깨진 벽 거울 하나만 (덩그러니, 덩그라니) 남아 있더군.

02 (덩쿨, 덩굴, 넝쿨)을 올리다.

03 모임에 뒤풀이가 빠진다는 건 (만두속, 만두소) 없는 만두 꼴이지.

04 음식이 참으로 (맛깔지더구나, 맛깔스럽더구나).

05 시험 때 (밤새지, 밤새우지) 마라. 다 소용없는 일이야.

06 문이 열리자 동생이 (방긋, 방근) 웃으며 들어왔다.

07 올해는 마름에게 (사래밭, 사례밭)을 몇 마지기 늘려 주었다.

08 그는 술이라면 (사죽, 사족)을 못 쓰곤 했다.

09 (악천후, 악천우)로 시합이 연기되었다.

10 정치판 얘기는 사내들의 (안줏거리, 안주거리)로 최고지.

4월
해커스공무원 신민숙 쉬운국어 매일 하프모의고사 1

바로 채점하기   정답·해설 _약점 보완 해설집 p.11

01	④	02	③	03	②	04	④	05	④
06	①	07	①	08	②	09	②	10	②

정답 | 01 덩그러니   06 방긋
      02 덩굴, 넝쿨   07 사래밭
      03 만두소   08 사족
      04 맛깔스럽더구나 09 악천후
      05 밤새우지   10 안줏거리

01 밑줄 친 부분의 띄어쓰기가 옳은 것은?

① 할아버지는 옛 일을 떠올리며 우셨다.
② 그 간의 사연을 들으니 웃음이 터졌다.
③ 초인종을 한 번 눌렀는데 답이 없어서 또 눌렀다.
④ 그 비밀문서는 땅 속에 묻혀 있었다.

02 밑줄 친 용언의 종류가 다른 것은?

① 결정하기 전에 설명을 들어 볼게.
② 오래된 책가방을 내다 버렸다.
③ 정성을 생각해서 맛있게 먹어 주자.
④ 메모를 보고서야 약속을 기억해 냈다.

03 밑줄 친 어휘의 뜻풀이로 바르지 않은 것은?

① 할머니는 해껏 밭에서 일을 하셨다.
　– 해껏: 해가 질 때까지
② 그는 자기 분야에서 도월한 사람이다.
　– 도월하다: 남보다 뛰어나다.
③ 집안에 일어난 일 때문에 우고가 있었다.
　– 우고: 큰 소리로 싸움
④ 할아버지는 동네에서 장걸하시기로 유명했다.
　– 장걸하다: 기골이 장대하고 우람하다.

04 밑줄 친 부분과 같은 의미로 사용된 것은?

> 개미가 떼를 지어 지나갔다.

① 밤길이 위험하니 무리를 지어 출발하기로 했다.
② 그 업무는 달을 넘긴 뒤에야 마무리 지을 수 있었다.
③ 어머니는 꽃다발을 만드신 후 매듭을 지어 묶었다.
④ 내 이야기를 들은 언니는 어처구니없다는 표정을 지었다.

05 비통사적 합성어로만 묶인 것은?

① 독서, 척척박사, 밉상
② 책가방, 논밭, 이슬비
③ 부슬비, 돌다리, 묵은땅
④ 등산, 어린이, 그만두다

06 다음 중 의미 중복이 <u>없는</u> 문장은?

① 따뜻한 온수를 떠서 드세요.
② 멈췄던 기계가 다시 재가동됐다.
③ 기차 안에 탄 승객은 모두 백 명이다.
④ 그가 보낸 편지에는 사진도 함께 있었다.

07 같은 음운 변동 현상이 일어난 것들끼리 묶인 것은?

① 연세, 밥물
② 달님, 신라
③ 피붙이, 꽃다발
④ 맏형, 눈요기

08 ㉠에 담긴 의미로 적절한 것은?

> 수오재(守吾齋)라는 것은 큰형님이 그 거실에 붙인 이름이다. 나는 처음에 의심하며 말하기를,
> "사물이 나와 굳게 맺어져 있어 서로 떨어질 수 없는 것으로는 나[吾]보다 절실한 것이 없으니, 비록 지키지 않더라도 어디로 갈 것인가. 이상한 이름이다."라고 하였다.
> 내가 장기(長鬐)로 귀양 온 이후 홀로 지내면서 정밀하게 생각해 보았더니, 하루는 갑자기 이러한 의문점에 대해 해답을 얻을 수 있었다. 나는 벌떡 일어나 스스로 말하기를,
> "대체로 천하의 만물이란 모두 지킬 수는 없고, 오직 나[吾]만은 마땅히 지켜야 하는 것이다. 내 밭을 지고 도망갈 자가 있는가? 그러니 밭은 지킬 것이 없다. 내 집을 지고 달아날 자가 있는가? 그러니 집은 지킬 것이 없다. 나의 정원의 꽃과 과실나무 등 여러 나무들을 뽑아갈 자가 있는가? 그 뿌리가 땅에 깊이 박혀 있다. 나의 책을 훔쳐 없애버릴 자가 있는가? 성현(聖賢)의 경전(經典)

이 세상에 널리 퍼지기를 물이나 불과 같은데, 누가 능히 없앨 수 있겠는가? 나의 옷과 식량을 도둑질하여 나를 군색하게 하겠는가? 지금 대저 천하의 실이 모두 내가 입을 옷이며, 천하의 곡식은 모두 내가 먹을 양식이다. 도둑이 비록 한두 개를 훔쳐 가더라도, 천하의 모든 옷과 곡식을 모두 없앨 수 있겠는가. 그런즉 천하의 만물은 모두 지킬 것이 없다.

오직 이른바 ⊙나[吾]라는 것은 그 성품이 달아나기를 잘하여 드나듦에 일정함이 없다. 아주 친밀하게 붙어 있어서 서로 배반하지 못할 것 같으나, 잠시라도 살피지 않으면 어느 곳이든 가지 않는 곳이 없다. 이익과 작록(爵祿: 벼슬)으로 유인하면 가버리고, 위엄(威嚴)과 재화(災禍)가 겁을 주면 가버리며, 심금을 울리는 아름다운 음악 소리만 들려도 가버리고, 새까만 눈썹에 흰 이빨의 미인의 요염한 모습만 보아도 가버린다. 그런데, 한 번 가면 돌아올 줄을 모르니 붙잡을 수도 없다. 그러므로 천하에서 가장 잃어버리기 쉬운 것으로는 나[吾] 같은 것이 없다. 어찌 실과 끈으로 잡아매고 빗장과 걸쇠로 잠가서 굳게 지켜야 하지 않겠는가.”

– 정약용. '수오재기'

① 인간의 성품은 사람마다 제각각 다르다.
② 인간의 성품은 이익과 유혹에 쉽게 흔들린다.
③ 인간의 성품은 어차피 변해서 수양해도 소용없다.
④ 인간이 과거를 되돌아보는 것은 미래를 위한 공부이다.

09 다음 글의 내용과 일치하지 <u>않는</u> 것은?

발레의 기원은 15세기 이탈리아의 르네상스 시대로 거슬러 올라간다. 그러나 발레의 초기 형태는 현재의 발레와 매우 다르며, 근대 발레의 형태는 프랑스에서 갖추어지게 된 것으로 알려져 있다.

15세기 이탈리아의 르네상스 시대에는 귀족들의 사교 행사에서 춤과 연극이 이루어졌다. 이때의 춤은 라운드 댄스와 같은 집단 춤이 주를 이루었는데, 이것이 발레의 초기 형태라고 할 수 있다.

그러나 발레는 이후 17세기 프랑스에서 귀족들의 사교 행사와 연결되어 크게 발전한다. 루이 14세 시대에 귀족들을 위한 행사인 '발레 드 쿠르'가 개최되면서 이를 통해 발레의 기술과 예술적인 요소들이 점차 발전하였다. 이때부터 발레는 전문적인 무용 예술로서의 성격을 갖추게 된다.

18세기에는 발레가 극장에서 공연되는 형태로 발전하였다. 발레 단체가 설립되고 작곡가와 디자이너, 무용수들이 협업하여 작품을 창작하는 방식이 정착되었다. 이때부터 전통적인 작품들인 '백조의 호수', '잠자는 숲속의 미녀' 등이 탄생하였으며, 발레는 예술의 한 형태로서 인정받게 되었다.

20세기에는 현대적이고 실험적인 발레 작품들이 등장하였다. 발레의 형식과 움직임에 대한 전통적인 제약을 벗어나 자유로운 표현이 가능해졌으며, 다양한 발레 스타일과 창작 방식이 개발되었다. 현재의 발레는 이러한 역사와 발전을 거쳐 형성되었으며, 전 세계적으로 사랑받고 공연되는 예술 형식으로 자리매김하고 있다.

① 발레의 초기 형태는 15세기 이탈리아 귀족들의 집단 춤에서 비롯되었다.
② 발레는 20세기 들어 전통적인 제약에서 벗어나 다양한 스타일이 개발되었다.
③ 발레의 예술적 요소들은 루이 14세 때 귀족들의 사교 행사와 더불어 발전하였다.
④ 18세기에는 디자이너 및 작곡가와 무용수들이 무대에 함께 올라 발레를 공연하였다.

10 다음 글과 일치하는 내용은?

> 영국의 식민지였던 시기, 미국의 남부와 북부 지역에서는 전혀 다른 양상으로 사회가 형성되고 있었다. 남부로 이주한 영국 이주민들은 교육을 받지 못한 하층민이 대부분이었고, 물질에 눈이 먼 모험가와 투기꾼 기질이 강한 사람들도 있었다. 반면 뉴잉글랜드 해안에 정착한 이주민들은 영국에서 경제적으로 부족하지 않았던 사람들로, 아메리카로 넘어온 뒤에 빈부귀천의 차이가 없는 사회 유형을 만들기 시작했다. 인구는 적지만 대부분의 시민들이 별다른 구분 없이 교육을 받았으며, 그 덕에 다양한 업적을 남기기도 했다.
> 북부 이주민들이 아메리카로 이주해 온 것은 순수한 종교적 신념과 새로운 사회에 대한 열망 때문이었다. 그들은 청교도 교파로, 스스로를 '순례자'라고 칭하며 엄격하게 살았다. 이들의 교리는 민주공화이론과 일치했는데, 이들이 이주 직후 제일 먼저 한 일은 자치 규약을 만드는 일이었다. 그 덕에 평등한 공동 사회가 형성되었고, 이와 달리 남부 이주민들은 기존의 사회 체계를 기반으로 자신들의 사회를 건설하였다.

① 미국의 남부와 북부 지역의 사회 양상은 비슷했다.
② 남부의 시민들은 모두 공통의 교육을 받았다.
③ 북부 이주민들이 따르는 교리는 청교도를 기반으로 했다.
④ 남부 이주민들은 북부 이주민들에게 사회 질서를 배웠다.

바로 채점하기 정답·해설 _약점 보완 해설집 p.14

01	③	02	②	03	③	04	①	05	①
06	④	07	②	08	②	09	④	10	③

✔ 헷갈리기 쉬운 어휘 Check

다음 중 올바른 어휘에 동그라미표 치시오.

01 인천 앞바다가 전망대에서는 (뚜렷이, 뚜렷히) 보인다.

02 눈 (덮힌, 덮인) 겨울 산은 다른 세계인 듯하다.

03 바다낚시 초보에게는 (망둥이, 망둥어) 낚시가 최고지.

04 (망칙하게, 망측하게) 대낮에 그게 무슨 짓이냐.

05 (밭뙈기, 밭떼기) 좀 있다고 거들먹거리기는.

06 무료로 (배포하고저, 배포하고져, 배포하고자) 하오니.

07 다솜이는 다음 달 (사흘날, 사흗날) 결혼한다고 한다.

08 마당에는 (살띤, 살진) 닭 한 마리가 한가롭게 노닌다.

09 (아래마을, 아랫마을)에서 싸움이 났다는 소문이 들렸다.

10 형은 우리 집 (아랫층, 아래층)에 산다.

정답 | 01 뚜렷이   06 배포하고자
02 덮인   07 사흗날
03 망둥이   08 살진
04 망측하게   09 아랫마을
05 밭떼기   10 아래층

01 밑줄 친 부분의 고쳐쓰기에 대한 설명으로 적절하지 않은 것은?

① 주문하신 음료 <u>나오셨습니다</u>.
→ 사물을 높여 썼으므로 '나왔습니다'로 바꾸어야 한다.

② 동생 이름은 <u>이예나에요</u>.
→ 앞 글자가 모음으로 끝날 때에는 '이에요'가 줄어 '예요'로 쓰이므로 '이예나예요'로 바꾸어야 한다.

③ 그는 사람들 앞에서 <u>망발</u>을 했다.
→ '망발'은 '망말'의 잘못된 표기이므로 '망말'로 바꾸어야 한다.

④ 머리가 아파 관자놀이를 <u>지긋이</u> 눌렀다.
→ 슬며시 힘을 주는 모양을 뜻하는 단어는 '지그시'이므로 '지그시'로 바꾸어야 한다.

02 밑줄 친 관용어의 사용이 적절하지 않은 것은?

① 동생은 거만한 표정으로 <u>목에 힘을</u> 주었다.
② 좋은 점수를 받은 후 그는 <u>어깨가 올라갔다</u>.
③ 그 친구는 <u>엉덩이가 무거운</u> 사람이라 믿을 만하다.
④ 선물을 열어 본 누나는 <u>무릎을 치며</u> 감탄했다.

03 띄어쓰기가 바르지 않은 것은?

① 이 글이 뜻하는 바를 깨달았다.
② 그는 네 번 만에 시험에 합격했다.
③ 아버지의 사업 차 이사를 하게 됐다.
④ 의자를 살짝 만졌을 뿐인데 부러졌다.

04 밑줄 친 부사어 중 문장 내에서의 역할이 나머지 셋과 가장 다른 것은?

① 바람이 <u>시원하게</u> 불었다.
② <u>시끄럽게</u> 굴다가 혼이 났다.
③ 강아지가 <u>사납게</u> 짖었다.
④ 그는 초인종을 <u>세게</u> 눌렀다.

05 다음의 밑줄 친 부분에 해당하지 <u>않은</u> 것은?

> 국어의 '있다'는 경우에 따라 동사적인 모습을 보여 주기도 하고, <u>형용사적인 모습</u>을 보여 주기도 한다.

① 비가 그칠 때까지 여기에 <u>있자</u>.
② 그의 가족은 외국에 <u>있다</u>.
③ 현관에 동생의 운동화가 <u>있었다</u>.
④ 형은 그 회사의 팀장으로 <u>있다</u>.

06 다음 대화문에서 대명사 '우리'의 용법이 나머지와 <u>다른</u> 하나는?

① A: 우리는 지금 출발하려고 해.
　 B: 우리도 지금 막 출발했어.
② A: 우리가 준비한 선물이 마음에 드니?
　 B: 응, 고마워. 내가 원하던 거야.
③ A: 회의는 어떻게 됐어?
　 B: 그 회사는 우리랑 생각이 다른 것 같아.
④ A: 우리 가게에 와서 점심 먹고 가.
　 B: 오늘은 바빠서 다음에 갈게.

07 밑줄 친 단어 중 그 의미가 나머지 셋과 가장 <u>다른</u> 것은?

① 책가방을 식탁 의자에 <u>두었다</u>.
② 다음 작품의 출판까지는 공백을 <u>두는</u> 게 좋겠다.
③ 그 조각은 눈에 잘 띄는 곳에 <u>두라고</u> 했잖니.
④ 주차장에 자리가 없어서 차를 공터에 <u>두고</u> 왔어요.

08 시에 대한 설명으로 옳은 것은?

> 黃雀何方來去飛　참새야 어디서 오가며 나느냐
> 一年農事不曾知　일 년 농사는 아랑곳하지 않고
> 鰥翁獨自耕芸了　늙은 홀아비 홀로 갈고 맸는데
> 耗盡田中禾黍爲　밭의 벼며 기장을 다 없애다니
> 　　　　　　　－이제현, '사리화'

① 권력자들의 수탈로 피폐해지는 농민의 삶이 주제이다.
② 인간의 욕심은 덧없는 것임을 표현하고 있다.
③ 풍경을 보며 평온함을 얻는 선비의 마음을 그렸다.
④ 참새를 보며 근심을 털어내는 권력자의 모습을 담았다.

구비문학은 다문화사회에서 긴요하게 요구되고 있으며, 그것은 과거에 만들어진 산물이지만 지속적으로 전승되고 그 전승 형태를 달리하면서 현재를 해석하고 미래를 전망하게 하는 문화적 힘을 내재하고 있다. 또한 어느 민족이건 그들의 민족공동체에 기반한 구비문학을 공통적으로 만들어내 전승해 왔다는 점에서, 그 어느 문화적 산물보다도 다수의 지지와 문화 간 소통을 가능하게 하는 힘을 갖고 있다. 그래서 구비문학이야말로 다문화적 소통에 가장 적합하게 사용될 수 있다.

그중에서도 설화는 보통의 문학작품과 달리 세계적으로 발견되는 공통의 서사가 존재한다. 국적을 초월한 인류 보편의 문화가 존재하듯, 세계 공통 서사를 가지고 있는 것이다. 또 설화는 특수한 개인의 가치관보다 집단 공동의 가치관이 반영되어, 민중이 공유하는 사회 담론을 서사화하고 있다.

또 설화는 오랜 세월에 걸쳐 전해지면서 수많은 사람들의 경험과 철학이 응축되어 나타나고, 그 원형 서사에 대한 보편적이고 심층적인 해석을 통하여 인종과 종교 그리고 지역을 초월하여 남녀노소 누구에게나 가까이 다가갈 수 있는 매개가 될 수 있다.

① 어느 민족이건 그들의 구비문학을 만들어 후손에게 전하기 마련이다.
② 한국의 설화를 통해 한국인들이 공유하는 가치관을 추론할 수 있다.
③ 설화는 세계 보편적으로 공유되는 서사를 담는다.
④ 설화는 심층적인 해석이 필요하므로 성인에 한해 향유 가능하다.

10 다음 글의 내용으로 적절한 것은?

인도의 카스트 제도는 인도 사회에서 오랫동안 지속된 사회적 계급 체계이다. 이 제도는 인도 전통 사회에서 인간들을 출생에 따라 사회적인 등급으로 분류하고 제한된 직업과 결혼 관계를 부과하는 시스템이다.

카스트 제도는 사회를 네 가지 주요 계급으로 나누고 있다. 브라마나 계급은 최상위 계급으로, 학자와 종교 지도자로 구성된다. 지식과 교육을 가장 높이 평가하며, 종교적인 규범과 의식을 담당한다. 크샤트리아 계급은 전사 계급으로, 통치자와 군인으로 구성된다. 이 계급은 지배와 방어를 담당하며, 통치자와 군인으로서의 책임을 지니고 있다. 바이샤 계급은 상인과 농민으로 구성되며, 상업과 농업을 담당한다. 이 계급은 경제적인 활동과 생산에 관여하며 사회의 번영을 촉진한다. 수드라 계급은 하위 계급으로, 일하는 계급이며 일반적으로 일하는 사람들을 포함하는데, 이 계급은 사회적, 경제적인 제한을 받는 경우가 많았다.

카스트 제도는 출생과 함께 정해진 계급에 속하게 되며 계급 간의 상호 작용을 제한하고 결혼, 식사, 교제 등 사회적 규칙을 강제로 시행하는데, 이로 인해 상위 계급은 특권과 권력을, 하위 계급은 사회적 제한과 차별을 경험할 수 있다. 계급 간 이동은 거의 불가능하며, 이는 카스트 체계의 핵심적인 특징 중 하나이다.

카스트 제도는 인도 사회에 지속적으로 영향을 주었으며, 사회적 불평등과 차별을 유발하는 요인이기도 하다. 이러한 시스템은 인도 사회에서 많은 도전과 비판을 받아왔으며, 현대 사회에서는 법률적으로 금지되었지만 여전히 일부 지역에서는 카스트 제도의 영향이 남아있는 경우도 있다.

현대 인도 사회는 더욱 평등한 사회 구조를 실현하기 위해 노력하고 있으며, 사회 개혁과 교육의 중요성을 강조하며 카스트 제도의 효과적인 극복을 위한 노력을 기울이고 있다.

① 카스트 제도는 인도 사회에서 오랫동안 지속된 계급 체계로 능력에 따라 사회적 등급을 분류한다.

② 크샤트리아 계급은 전사 계급으로 군인으로서의 책임을 지니고 있다.

③ 카스트 제도에서 계급 간 이동은 혼인을 통해 이루어지며 이를 통해 사회적 제한과 차별을 극복할 수 있다.

④ 현대 인도 사회에서는 카스트 제도가 법으로 금지되어 지금은 과거의 유산으로만 확인할 수 있다.

✅ 헷갈리기 쉬운 어휘 Check

다음 중 올바른 어휘에 동그라미표 치시오.

01 우리까지 (도매금, 도맷금)으로 죄인 취급을 하다니.

02 울타리를 (댓가지, 대가지)로 막아 놓았다.

03 (매마른, 메마른) 땅에 제아무리 거름을 주고 해 봐도 소용없더군.

04 유도에서 제일 멋진 기술은 (매치기, 메치기)인 것 같다.

05 (배추꼬랑지, 배추꼬랑이)로 끓인 배춧국이 그처럼 달고 구수할 수가 없었다.

06 구렁이는 독이 없는 (뱀, 배암)이다.

07 나는 고기 중 (살고기, 살코기)만 먹는다.

08 요즘 야산에서 (살쾡이, 삵, 삵쾡이)가 나타난다고 한다.

09 집에서 뛰면 (아랫집, 아래집)에서 쫓아 올라온다.

10 (아재비, 아자비), 이것 좀 보세요!

바로 채정하기 정답·해설 _약점 보완 해설집 p.17

01	③	02	③	03	③	04	②	05	①
06	③	07	②	08	①	09	④	10	②

정답 |
01 도매금	06 뱀
02 댓가지	07 살코기
03 메마른	08 살쾡이, 삵
04 메치기	09 아랫집
05 배추꼬랑이	10 아재비

01 띄어쓰기가 옳지 <u>않은</u> 것은?

① 이미 편지를 보내 버렸으니 별수 있겠니.

② 그렇게 늦장부리더니 지각할 것 같더라.

③ 오늘 축구는 전 국민이 응원하는 경기이다.

④ 그 까닭인즉 동생이 성적표를 숨겼기 때문이다.

02 맞춤법이 옳은 것은?

① 시골에서 보내 준 보약을 다려 먹었다.

② 실수를 했으니 댓가를 치뤄야 하는 것이다.

③ 아이가 혼자 나가지 못하게 문을 잠궈 놓았다.

④ 언니는 시험 점수가 나오기 전부터 마음을 졸였다.

03 밑줄 친 부분의 발음이 현행 표준 발음법에서의 표준 발음으로 인정되지 <u>않는</u> 것은?

① <u>갈등</u>이 생기면 원만하게 해결하는 것이 중요하다.
   – 갈등[갈뜽]

② 어른들과 대화를 하면 삶의 <u>지혜</u>를 배울 수 있다.
   – 지혜[지혜]

③ <u>바람결</u>에 실려 온 꽃향기를 맡았다. – 바람결[바람껼]

④ 밤하늘의 <u>초승달</u>이 예뻐서 한참을 쳐다보았다. – 초승달[초승딸]

04 밑줄 친 부분과 같은 의미로 사용된 것은?

> 수험생답게 학업을 <u>닦는</u> 것에 열중해라.

① 장군은 어린 나이부터 무예를 <u>닦아</u> 실력을 뽐냈다.

② 회사의 기반을 <u>닦은</u> 후에 직원을 채용할 계획입니다.

③ 절에서 지내는 시간 동안 어지러워진 마음을 <u>닦았다</u>.

④ 우리 집 바로 앞에서 도로를 새로 <u>닦고</u> 있다.

05 '사람의 욕심'과 관련된 속담으로 가장 적절한 것은?

① 서 발 막대 거칠 것 없다.

② 말 타면 경마 잡히고 싶다.

③ 단솥에 물 붓기

④ 쇠뿔도 단김에 빼랬다.

06 다음에 해당하는 사례를 찾아볼 수 없는 문장은?

> '역전앞'은 이미 '역의 앞쪽'이라는 뜻을 포함한 '역전'에 '앞'이 붙은 표현으로, 의미의 중복이 나타난다.

① 음식에 머리카락이 빠지지 않게 하려면 머리 두건을 써라.

② 할아버지와 할머니는 매주마다 등산을 가신다.

③ 시합에서는 먼저 공격하는 쪽이 유리하게 돼 있다.

④ 블랙핑크는 8월 말 새로운 신곡을 발표한다.

07 밑줄 친 부분이 맞춤법에 맞지 않는 것은?

① 동생은 엄마 몰래 산 장난감을 상자에 처넣었다.

② 짝꿍은 이름이 불리자 고개를 번쩍 처들고 대답했다.

③ 잘 신지 않는 양말들을 서랍 속에 처박았다.

④ 아기는 소꿉놀이에 모래를 처담고 놀았다.

08 화자의 태도로 적절한 것은?

> 눈 마주 휘여진 디를 뉘라셔 굽다턴고
> 구블 절(節)이면 눈 속의 프를소냐
> 아마도 세한고절(歲寒孤節)은 너뿐인가 ᄒ노라
> ─원천석의 시조

① 굳은 절개와 지조의 마음을 표현하고 있다.

② 자조적인 마음을 애절한 시어로 드러내고 있다.

③ 그리움을 이겨내고자 하는 의지를 표현하고 있다.

④ 인정받지 못하는 자신의 처지에 절망하고 있다.

전통은 물론 과거로부터 이어 온 것을 말한다. 이 전통은 대체로 그 사회 및 그 사회의 구성원인 개인의 몸에 배어 있다. 때문에 스스로 깨닫지 못하는 사이에 전통은 우리의 현실에 작용하는 경우가 있다.

그러나 과거에서 이어 온 것을 무턱대고 모두 전통이라고 한다면, 인습(因襲)이라는 것과 구별이 어려워진다. 인습은 예전의 풍습과 습관 등을 그대로 따르는 것을 뜻하는데, 우리는 인습을 버려야 할 것이라고는 생각하지만 계승해야 할 것이라고는 생각하지 않는다. 여기서 우리는 과거에서 이어 온 것을 객관화하고, 이를 비판하는 입장에 서야 할 필요성을 느끼기 시작한다. 그 비판을 통해서 현재의 문화 창조에 이바지할 수 있다고 생각되는 것만을 남기고 계승하되, 그것을 전통이라고 불러야 할 것이다.

이같이 전통은 인습과 구별될뿐더러, 또 단순한 유물과도 구별되어야 한다. 현재의 문화를 창조하는 일과 관계가 없는 것을 우리는 문화적 전통이라고 부를 수가 없기 때문이다.

① 전통과 인습을 구별해야 하는 이유
② 전통을 계승하기 위한 유물 보존의 방법
③ 시대에 맞는 문화를 창조하는 것의 중요성
④ 인습을 전통으로 받아들였을 때의 장점

경기 침체는 경제적인 활동이 둔화되어 생산, 수요, 고용, 투자 등 여러 경제 지표가 감소하는 상황을 말한다. 일반적으로 경기침체는 경제 주기의 하나의 단계로 간주되며, 경제 성장과 함께 경제 침체가 번갈아 나타나는 경기변동의 패턴 중 하나이다. 경기 침체는 다양한 요인에 의해 발생할 수 있다. 이러한 요인은 경기변동의 복잡한 상호작용으로 인해 발생하는데, 주요한 요인은 다음과 같다.

첫 번째는 수요 부진이다. 소비자들이 지출을 줄이거나 투자를 미루는 등 소비와 투자 활동이 감소할 때 경기 침체가 발생할 수 있다. 이는 소비자 신뢰도의 하락, 경제 불황의 영향 등으로 인해 발생할 수 있다. 두 번째는 생산 부진이다. 생산 부문의 생산량이 줄어들면 고용 기회가 감소하고 경기 침체가 발생할 수 있다. 이는 생산 활동에 영향을 미치는 요인인 공급망 문제, 원자재 가격 상승, 기술적인 문제 등으로 인해 발생할 수 있다. 마지막으로 금융위기이다. 금융 시장에서의 불안정성이 경기 침체를 유발할 수 있다. 금융 위기는 주식시장의 하락, 신용 경색, 금리 상승 등의 현상으로 표현될 수 있으며, 이는 경기에 대한 기업과 소비자들의 신뢰를 훼손시킬 수 있다.

경기 침체는 경제 전반에 영향을 미치는 다양한 부문에 걸쳐 파급 효과를 가져온다. 이는 수요 감소로 인한 생산 부진, 고용 감소, 소비 감소, 투자 감소, 기업의 수익성 저하, 자본 투자 감소 등 다양한 현상을 초래할 수 있다. 이에 따라 정부, 중앙은행 및 경제 주체들은 경기 침체에 대응하기 위해 경기 부양 정책을 시행하며, 경기 회복을 촉진하기 위해 인프라 투자, 재정 정책 조정, 금융 지원 등 다양한 조치를 취한다.

경기 침체는 경제에 대한 불확실성을 증가시키고, 기업과 개인의 경제적 안정성에 영향을 미칠 수 있다. 경기 침체를 극복하기 위해서는 정부와 기업의 협력이 필요하며, 구조적인 변화와 혁신, 투자 촉진, 소비와 수출 활성화 등을 통해 경기 부양을 위한 노력이 필요하다.

① 경기 침체는 경기변동의 패턴 중 하나로 경제 주기의 하나의 단계로 간주된다.

② 금융 위기로 인한 경기 침체는 금융 시장의 불안정성이 원인으로 이는 경기에 대한 신뢰를 훼손시킨다.

③ 경기 침체에 대응하기 위한 경기 부양 정책으로는 인프라 투자, 재정 정책 조정, 금융 지원 등이 있다.

④ 경기 침체 극복을 위해서는 정부와 개인의 협력이 필요하며 다양한 방법을 통해 경기 부양을 위해 노력해야 한다.

☑ 헷갈리기 쉬운 어휘 Check

다음 중 올바른 어휘에 동그라미표 치시오.

01 나는 화를 (도저이, 도저히) 참을 수가 없었다.

02 그거야 (도진개진, 도긴개긴)이지 뭐.

03 사내자식이 그처럼 (맥아리, 매가리)가 없어서야 원.

04 화장도 안 하고 (민낯, 맨낯)으로 사람들 보기가.

05 요즘 밥만 먹으면 (뱃병, 배병)을 앓는다.

06 (버드나뭇과, 버드나무과)에 속한 식물들을 조사하고 있다.

07 나는 (삼춘, 삼촌)을 세상에서 가장 좋아한다.

08 이 공간에 주차를 (삼가길, 삼가하길) 바랍니다.

09 채윤이는 일이 잘못될까 봐 (안절부절했다, 안절부절못했다).

10 솥에 밥 (앉히고, 안치고) 올게. 그다음에 얘기하자.

바로 채점하기

정답·해설 _약점 보완 해설집 p.20

01	②	02	④	03	③	04	①	05	②
06	③	07	②	08	①	09	①	10	④

정답 | 01 도저히   06 버드나뭇과
　　 02 도긴개긴   07 삼촌
　　 03 매가리   08 삼가길
　　 04 민낯   09 안절부절못했다
　　 05 뱃병   10 안치고

소요 시간 ＿＿＿분 ＿＿＿초　맞은 개수 ＿＿＿ / 10개

01 밑줄 친 보조사의 의미를 설명한 것으로 옳지 <u>않은</u> 것은?

① 배달이 저렇게<u>까지</u> 빨리 올 줄은 몰랐다.
　－까지: 그것이 극단적인 경우임을 나타냄

② 동생은 울기<u>만</u> 할 뿐 무슨 일인지 말을 안 했다.
　－만: 다른 것으로부터 제한하여 어느 것을 한정함을 나타냄

③ 아버지<u>조차</u> 가지 않으시면 할아버지께서 화를 내실 텐데.
　－조차: 어떤 것이 포함되고 그 위에 더함의 뜻을 나타냄

④ 그 책<u>은</u> 다 읽고 지난주에 반납했다.
　－은: 강조의 뜻을 나타냄

02 밑줄 친 부분의 표기가 옳지 <u>않은</u> 것은?

① 마지막 경기가 끝나자 슬픔이 <u>북받쳤다</u>.

② 준비한 과일을 나누어 손님들 <u>앞앞이</u> 놓았다.

③ 화장실에 들어가자마자 <u>쿠린내</u>가 풍겼다.

④ 언덕 너머에서 해가 <u>둥그시</u> 떠올랐다.

03 띄어쓰기가 바르지 <u>않은</u> 것은?

① 눈이 쏟아져서 숲속에서 길을 잃었다.

② 열차 탑승시에는 표를 확인합니다.

③ 그 사건에 대해 아는 대로 말해라.

④ 따뜻한 옷 한 벌만 있어도 겨울을 날 수 있다.

04 사이시옷 표기가 모두 옳은 것은?

① 귓병, 머릿말, 아랫마을

② 커핏집, 자릿세, 혓바늘

③ 머릿기름, 곗날, 멧나물

④ 핏기, 뒷꿈치, 바닷가

05 문장 성분의 호응이 자연스러운 것은?

① 언니의 의견은 옷장을 벽에 붙여 놓자고 했다.

② 그 도시에서 보낸 마지막 1년은 즐거운 일이었다.

③ 내가 말하고 싶은 것은 그 가게의 음식 맛이 변했다.

④ 선생님께서 말씀하신 날짜는 오늘이 아니라 내일입니다.

06 밑줄 친 단어의 불규칙 활용 유형이 같은 것은?

① 이 하천의 물이 흘러 강으로 내려갑니다.
   제비에게 새집을 지어 주었다.

② 노을이 비쳐서 창문이 빨개 보였다.
   안내소에 물어 길을 알 수 있었다.

③ 우리 조는 반장을 도와 배구공을 옮겼다.
   할머니는 겨울에 붕어빵을 구워 파시곤 했다.

④ 산 중턱의 산장에 이르러 몸을 쉬었다.
   마당의 장독대에 있는 장을 퍼 가도록 해라.

07 밑줄 친 말의 사전적 의미로 가장 적절한 것은?

> 아람 밤톨같이 <u>오달지고</u> 단단하던 월파는 지금 천상백옥경에서 아래를 굽어살피고 있는 것이다.
>
> — 이희승, '딸깍발이 선비의 일생'

① 허술한 데가 없이 알차다.

② 성질이 너그러워 말과 행동이 시원스럽다.

③ 몹시 짓궂은 데가 있다.

④ 키나 몸집 따위가 보기 좋게 어울리도록 크다.

08 이 작품에 대한 설명으로 적절한 것은?

> "옳지, 누가 나에게 술을 권했단 말이요? 내가 술이 먹고 싶어서 먹었단 말이요?"
> "자시고 싶어 잡수신 건 아니지요. 누가 당신께 약주를 권하는지 내가 알아낼까요? 저 …… 첫째는 화중이 술을 권하고 둘째는 하이칼라가 약주를 권하지요." 〈중략〉
> 남편은 고소(苦笑)한다.
> "틀렸소, 잘못 알았소. 화중이 술을 권하는 것도 아니고, 하이칼라가 술을 권하는 것도 아니요. 나에게 술을 권하는 것은 따로 있어. 마누라가, 내가 어떤 하이칼라한테나 흘려 다니거나, 그 하이칼라가 늘 내게 술을 권하거니 하고 근심을 했으면 그것은 헛걱정이지. 나에게 하이칼라는 아무 소용도 없소. 나의 소용은 술뿐이요. 술이 창자를 휘돌아, 이것저것을 잊게 맨드는 것을 나는 취(取)할 뿐이요."
> 하더니, 홀연 어조(語調)를 고쳐 감개무량하게,

"아아, 유위유망(有爲有望)한 머리를 알코올로 마비 아니시킬 수 없게 하는 그것이 무엇이란 말이요."〈중략〉

아내에게는 그 말이 너무 어려웠다. 고만 묵묵히 입을 다물었다. 눈에 보이지 않는 무슨 벽이 자기와 남편 사이에 깔리는 듯하였다. 남편의 말이 길어질 때마다 아내는 이런 쓰디쓴 경험을 맛보았다. 이런 일은 한두 번이 아니었다. 이윽고 남편은 기막힌 듯이 웃는다.

"흥, 또 못 알아듣는군. 묻는 내가 그르지, 마누라야 그런 말을 알 수 있겠소. 내가 설명해 드리지. 자세히 들어요. 내게 술을 권하는 것은 화증도 아니고 하이칼라도 아니요. 이 사회란 것이 내게 술을 권한다오. 이 조선 사회란 것이 내게 술을 권한다오. 알았소? 팔자가 좋아서 조선에 태어났지, 딴 나라에 났더면 술이나 얻어먹을 수 있나……."

—현진건, '술 권하는 사회'

① 아내는 남편의 마음을 이해하고 다른 말을 하고 있지 않다.
② 남편은 항상 하이칼라의 권유에 의해 술을 마시러 다니고 있다.
③ 자신이 술을 먹는 이유를 아내가 파악하자 웃으며 대답을 하고 있다.
④ 남편은 팔자가 좋아서 조선에서 술을 얻어먹는다는 말을 통해 자신의 신세를 비관하고 있다.

09 다음 ㉠~㉢을 (　　) 안에 순서대로 배열한 것은?

㉠ 사이코패스는 사회적인 관계에서 문제를 일으킬 수 있다.
㉡ 사이코패스는 위험한 행동을 자주 보인다.
㉢ 사이코패스는 감정을 대개 느끼지 못한다.

사이코패스는 감정을 관장하는 뇌 영역이 발달하지 않아, 다른 사람의 감정을 이해하거나 공감하는 능력이 결여된 상태를 가리킨다. 이는 사이코패스가 사회 규범과 도덕적인 기준을 무시하고 다른 사람들을 상처 주거나 위험에 빠뜨릴 수 있는 특징적인 행동을 보이는 이유이다. 사이코패스는 주로 정신 병리적인 조건으로 분류되는 '반사회적 성격 장애'의 일부로 간주되는데, 이러한 사이코패스의 특징은 다음과 같다.

첫째로 (　　　　　　　　　　　　　　　)
그들은 특정 상황이나 사물 또는 타인을 대했을 때 일어나는 감정적인 작용이 거의 없다. 예를 들어 해맑게 웃는 아이를 보면 보통 귀엽다고 느끼지만 사이코패스에게는 그러한 감정이 거의 또는 전혀 느껴지지 않는다.

둘째로 (　　　　　　　　　　　　　　　)
그들은 자신의 행동이 다른 사람들에게 어떤 영향을 미칠지 고려하지 않으므로 자신의 목적을 이루기 위해 폭력, 사기, 조작, 무자비한 행동 등을 자행할 수 있다.

셋째로 (　　　　　　　　　　　　　　　)
그들은 자신의 이익을 추구하며 타인을 이용하고 합리화하기 때문에 사람들과 더불어 살아가는 사회에서 진정한 감정 교류를 하거나 신뢰 관계를 형성하기 어렵다.

중요한 점은 사이코패스가 일반적인 사람들과는 다른 정신적 특성을 가지고 있다는 것이다. 사이코패스는 정신 질환으로 간주되며, 이러한 특징을 가진 사람들은 전문가의 상담과 지원이 필요하다.

① ㉠ - ㉢ - ㉡
② ㉡ - ㉢ - ㉠
③ ㉢ - ㉠ - ㉡
④ ㉢ - ㉡ - ㉠

10 다음 글의 핵심 내용은?

아리스토텔레스가 말한 완전한 사랑의 요소 중 가장 중요한 것은 유사성이다. 아리스토텔레스는 이 유사성에 대해 길고 상세한 설명을 덧붙였는데, 요약하자면 마음을 다해 사랑하는 두 사람의 관계는 차이성에서 동일성으로 향하는 줄기찬 노력의 과정이어야 한다는 것이다. 여기서 그는 동일성이 목표가 아니라 방향이라는 점을 강조한다. 완전히 같아진다는 것은 가능한 일도 아니거니와 가능하다 하더라도 그것은 완전한 사랑에 모순되는 현상이다. 하나만으로는 사랑이 불가능하기 때문이다.

그러므로 같아지는 것은 사랑의 완성이 아니라 파국이다. 비록 사랑이 두 사람 사이의 차이에서 비롯된 동화에의 열정이고 다름 속에서 같음을 만들어가는 긴장 넘치는 과정이라고는 하나, 차이를 모두 제거해 버린 동일화는 마침내 사랑마저 제거해 버릴 것이다.

① 처음부터 유사성이 있는 사람들끼리 사랑에 빠지게 된다.
② 진정한 사랑을 위해서는 서로 차이를 제거해야 한다.
③ 사랑은 두 사람을 하나로 동화되게 만드는 일이다.
④ 사랑은 서로 다른 두 사람이 같은 방향을 향해 가는 것이다.

바로 채점하기

정답·해설 _약점 보완 해설집 p.22

01	④	02	④	03	②	04	③	05	④
06	③	07	①	08	④	09	④	10	④

✔ 헷갈리기 쉬운 어휘 Check

다음 중 올바른 어휘에 동그라미표 치시오.

01 콩을 따야 하는데 (도리깻열, 도리깨열)이 어디로 갔는지 보이지 않는다.

02 (돈푼꽤나, 돈푼깨나) 있다고 꽤나 뻐기더군.

03 이 카페는 (맨날, 천날) 사람이 많아서 앉을 자리가 없다.

04 산에 나무가 없어 (맨숭맨숭, 맨실맨실)하다.

05 아이가 장난감을 사 달라고 (법석, 법썩)을 쳤다.

06 잔치를 (벌이다, 벌리다).

07 벌써 (삼진날, 삼짇날)이 다가온다.

08 저 연못가의 (삽살이, 삽사리).

09 민철이는 그녀의 집을 (알음알음, 알음알이)로/으로 겨우 찾아왔다.

10 마당에서 (암탉, 암닭)이 한가로이 노닌다.

정답 | 01 도리깻열   06 벌이다
02 돈푼깨나   07 삼짇날
03 맨날   08 삽사리
04 맨숭맨숭   09 알음알음
05 법석   10 암탉

01 다음 중 같은 음운 변동이 일어나는 단어끼리 묶인 것이 <u>아닌</u> 것은?

① 신작로, 박람회, 답례품

② 앞문, 덧니, 겉모습

③ 밥상, 독사, 닥나무

④ 맏이, 굳이, 미닫이

02 다음 밑줄 친 부분의 품사가 <u>잘못</u> 연결된 것은?

① <u>갖은</u> 노력을 한 끝에 원하는 대학에 입학했다. −형용사

② 키 <u>작은</u> 꽃을 보고 있노라면 마음이 편해진다. −형용사

③ 쓸데없는 생각하지 말고 그 회사에 계속 <u>있어라</u>. −동사

④ 집합 시간에 <u>늦는</u> 사람이 한 명이라도 있다면 출발할 수 없다. −동사

03 다음 중 띄어쓰기가 적절하지 <u>않은</u> 것은?

① 문기는∨앞으로∨집안을∨어떻게∨이끌어야∨할지∨감이∨오지∨않았다.

② 산의∨해발∨고도가∨높아질∨수록∨기온은∨떨어진다.

③ 내∨조카는∨오늘로∨세∨돌이∨되었다.

④ 그조차∨나를∨믿지∨못한다는∨사실에∨절망했다.

04 다음 상황에 어울리는 속담은?

> 경수는 어릴 때부터 영어 공부를 힘들어했다. 하지만 계속 영어 공부를 포기할 수는 없어서 하루에 1시간씩 영어 공부를 했고 그렇게 하루도 빠짐없이 공부를 하자 1년이 지난 후 영어 실력이 크게 늘었다.

① 윗돌 빼서 아랫돌 괴고 아랫돌 빼서 윗돌 괴기

② 모로 가도 서울만 가면 된다.

③ 낙숫물이 댓돌을 뚫는다.

④ 사흘 책을 안 읽으면 머리에 곰팡이가 슨다.

05 다음 중 밑줄 친 한자 성어의 쓰임이 적절하지 <u>않은</u> 것은?

① 현수는 몇 달 만에 <u>刮目相對</u>할 정도로 영어 실력이 늘었다.

② 그는 <u>鷄口牛後</u>라고 말한 뒤 대기업을 사직하고 작은 회사를 차렸다.

③ 신하들은 혼란한 정국의 수습보다는 <u>論功行賞</u>에만 연연했다.

④ 동네에서 이 생원은 세상일에 경험이 많은 <u>白面書生</u>으로 유명했다.

06 다음 중 비통사적 합성어끼리 묶인 것은?

① 감싸다, 아무것, 책상다리

② 헐벗다, 굶주리다, 덮밥

③ 뛰어나다, 들나물, 검은돈

④ 검푸르다, 거짓말, 줄잡다

07 다음 작품에 대한 설명으로 적절하지 <u>않은</u> 것은?

〈춘사(春詞)〉
江湖(강호)에 봄이 드니 미친 興(흥)이 절로 난다.
濁醪溪邊(탁료계변)에 錦鱗魚(금린어)] 안주로다.
이 몸이 閑暇(한가)히옴도 亦君恩(역군은)이샷다.

〈하사(夏詞)〉
江湖(강호)에 녀름이 드니 草堂(초당)에 일이 업다.
有信(유신)한 江波(강파)는 보내느니 부람이다.
이 몸이 서늘히옴도 亦君恩(역군은)이샷다.

〈추사(秋詞)〉
江湖(강호)에 フ올이 드니 고기마다 술져 잇다.
小艇(소정)에 그믈 시러 흘리 띄여 더뎌 두고,
이 몸이 消日(소일)히옴도 亦君恩(역군은)이샷다.

〈동사(冬詞)〉
江湖(강호)에 겨월이 드니 눈 기픠 자히 남다.
삿갓 빗기 쓰고 누역으로 오슬 삼아,
이 몸이 칩지 아니히옴도 亦君恩(역군은)이샷다.
– 맹사성, 〈강호사시가(江湖四時歌)〉

---

① 이 작품은 강호가도의 효시이다.

② 시조의 각 수마다 유사한 구조가 반복되고 있다.

③ 각 계절마다 자연에 대한 이분법적인 사고를 하는 화자의 모습을 볼 수 있다.

④ 화자는 자신이 현재 지내는 생활이 모두 임금의 은혜 덕분이라고 생각하고 있다.

08 다음 글에서 알 수 <u>없는</u> 것은?

세잔은 모네처럼 사물에 나타난 빛과 분위기를 표현하는 것, 그러니까 단순히 자연을 모방하거나 자연으로부터 받은 인상을 표현하는 것을 중요시하지 않았다. 또한 그는 원근법을 이용한 공간적 속임수를 쓰려고 하지도 않았다. 세잔은 사물을 그리는 일을 통해 사물의 근본, 색채, 그리고 빛의 근본을 파헤치고자 하였다.

서로 촘촘하게 얽힌 색 표면을 그려내는 것은 세잔이 즐겨 추구하는 방식이다. 그는 자신만의 색채 논리에 입각한 일종의 그림 언어를 만들었고, 이 언어로 그림 요소를 번역했다. 세잔은 마치 작곡가처럼 음계, 즉, 특정한 색채를 선택한 후 선택한 음(색)을 기준으로 여러 가지 다른 분위기를 자아내는 화음을 구축했다. 각각의 붓질 방향은 그림 속 형태를 더욱 탄탄하게 받쳐주는 것처럼 보인다.

① 세잔의 원근법 사용 유무
② 세잔이 사물을 그릴 때 중시하는 것
③ 세잔이 받고 자란 음악 교육의 수준
④ 세잔의 그림에서 보이는 붓질의 특성

09 다음을 읽고 가장 옳지 <u>않은</u> 것을 고르시오.

당뇨병은 신체의 혈당 수치를 조절하는 능력과 관련된 만성적인 질환이다. 일반적으로 당뇨병을 두 가지 유형으로 나눈다. 먼저, 제1형 당뇨병은 면역체계가 췌장에서 인슐린을 생성하는 세포를 공격하고 파괴하는 자가면역질환이다. 일반적인 경우, 제1형 당뇨병 환자의 신체는 혈당 수치를 조절하는 데 도움을 주는 호르몬인 인슐린을 거의 또는 전혀 생산할 수 없다. 그래서 대부분의 제1형 당뇨병 환자들은 평생 인슐린 주사를 맞거나 혈당을 조절하기 위해 인슐린 펌프를 사용해야 한다.

한편, 제2형 당뇨병은 당뇨병에서 가장 흔한 유형으로서, 제2형 당뇨병 환자의 신체는 인슐린의 영향에 저항력을 갖게 되거나 정상적인 혈당 수치를 유지하기 위해 필요한 만큼의 인슐린을 생산하지 못한다. 제2형 당뇨병의 정확한 원인은 아직 밝혀지지 않았으나 비만, 바람직하지 않은 식단, 운동과 거리가 먼 생활 방식 등이 제2형 당뇨병의 위험 요인으로 알려져 있다. 제2형 당뇨병은 생활습관의 개선, 경구약, 인슐린 주사 등으로 관리될 수 있다. 제1형과 제2형 당뇨병 외에도 당뇨병이 없던 여성이 임신 중에 혈당 수치가 올라가는 임신성 당뇨병(임신 중에 발병)과 같은 유형도 있으며 MODY(Maturity−Onset Diabet of the Young)와 같은 희소한 경우도 있다.

당뇨병은 그 자체로서도 문제이지만 합병증의 위험성도 매우 크다. 우선 당뇨병은 심혈관 질환의 위험을 증가시킬 수 있다. 이는 동맥경화, 뇌졸중, 심근경색 등을 포함한다. 미세혈관 내 혈류 흐름이 더뎌져 신장과 망막에 부담을 주기 때문에, 만성신부전이나 실명의 위험도 높아진다. 말초 신경 손상과 혈액 순환의 감소로 인해 발의 감각이 둔해지거나 궤양이 생길 수도 있다. 따라서 당뇨병 환자는 자신의 상태를 효과적으로 관리하고 합병증의 위험을 최소화하기 위해 의료 전문가와 긴밀히 협력하는 것이 중요하다.

① 당뇨병 환자는 혈당 수치 문제뿐만 아니라 합병증에 걸릴 위험도 우려해야 한다.
② 임신 이전에는 정상이었다가 임신 중에 당뇨병에 걸리는 경우도 있다.
③ 당뇨병 환자 중 제2형 당뇨병 환자의 수가 가장 많다.
④ 어떤 사람이 인슐린 주사를 맞는다면, 그는 제1형 당뇨병 환자이다.

10 다음을 읽고 가장 옳지 **않은** 것을 고르시오.

2020년 통계를 기준으로 한국인 1인당 1년 커피 섭취량은 약 367잔으로 세계 평균의 2.7배 이상이다. 커피에 들어있는 카페인은 중추신경계를 자극하여 졸음을 쫓아내어 사람들이 정신을 차리게끔 돕는다. 카페인이 각성 효과를 생성하는 메커니즘은 다음과 같다. 카페인은 아데노신 수용체를 차단하여 아데노신이 수용체에 결합하는 것을 억제한다. 아데노신은 뇌에서 자연적으로 생성되는 화학 물질로서 아데노신이 수용체에 결합하면 신경 활동이 느려지고 졸음을 느끼게 된다. 또한, 카페인은 도파민, 노르에피네프린, 그리고 세로토닌과 같은 신경 전달 물질의 방출을 향상시킨다. 이러한 신경 전달 물질은 각성, 인지 기능 향상을 촉진하는 데 중요한 역할을 한다. 그 결과 집중력은 향상되고 피로감은 감소한다. 카페인은 부신이 아드레날린을 혈류로 방출하도록 자극한다. 아드레날린은 긴장과 흥분을 유도하고 신체 전반적인 기능을 향상시키는 호르몬으로서 심장 박동 수, 혈압, 그리고 전체적인 각성 수준을 증가시킨다.

그러나 카페인의 남용은 여러 부작용을 낳을 수 있어 주의가 필요하다. 카페인을 과도하게 섭취하면 위산 분비를 촉진하여 위에 문제를 일으킬 수 있고, 두통을 유발할 수 있다. 또한, 중추 신경계를 지나치게 자극하여 불안, 심리적인 흥분, 긴장을 야기하거나 심혈관에 부담을 줄 수 있다. 실제로 미국에서는 카페인 과다 섭취에 따른 급성 부정맥으로 청소년이 사망한 사례도 있었다. 또한, 지속적인 카페인 섭취는 카페인 중독의 위험성을 높이기도 한다. 개인마다 카페인에 대한 민감도가 다르므로 적정량 내에서 카페인을 섭취하도록 주의해야 한다.

① 부신을 제거하면 혈중 아드레날린의 양이 감소할 것이다.
② 카페인은 체내의 아데노신의 양을 줄여 졸음을 쫓아내게 한다.
③ 노르에피네프린과 아드레날린은 각성 효과가 있다.
④ 중추신경계를 자극하면 졸음을 쫓을 수 있으나, 불안이나 긴장을 야기할 수도 있다.

바로 채점하기

정답·해설 _약점 보완 해설집 p.25

01	③	02	①	03	②	04	③	05	④
06	②	07	③	08	③	09	④	10	②

✔ 헷갈리기 쉬운 어휘 Check

다음 중 올바른 어휘에 동그라미표 치시오.

01 내 화를 (돋구지, 돋우지) 마라.

02 한강에 가서 (돗자리, 돋자리)를 펴고 놀다 오자.

03 삭발한 오빠의 머리가 (맨송맨송, 민송민송)하다.

04 (민얼굴, 맨얼굴)이라도 엄청 예쁘던데 뭘.

05 그만 (벗대고, 벋대고) 집으로 들어오너라.

06 (베개맡, 머리맡)에 자리끼가 있어.

07 요즘 (상추, 상치) 가격이 너무 올랐다.

08 나도 아직 (상판대기, 상판때기)를 보지 못했다.

09 그처럼 (앳된, 애띤) 얼굴 어디에서 그런 독기가 나오는지.

10 엄청 추워서 살갗이 (아려, 애려) 오더군.

정답 | 01 돋우지　06 머리맡
　　 02 돗자리　07 상추
　　 03 맨송맨송　08 상판대기
　　 04 민얼굴　09 앳된
　　 05 벋대고　10 아려

01 다음 밑줄 친 부분의 발음이 옳지 <u>않은</u> 것은?

① 이상하게 오늘따라 불길한 <u>예감</u>[예:감]이 들었다.

② 지갑을 찾아 준 사람에게 <u>사례</u>[사:례]를 했다.

③ 그렇게 그들은 <u>분메</u>[분메]하였다.

④ 작년 한 해 <u>가계</u>[가계] 부채가 평균 5% 증가했습니다.

02 다음 중 띄어쓰기가 바르지 <u>않은</u> 것은?

① 자네가 생각하는 바를 드디어 알겠다.

② 도대체 그 가방이 얼만 데 그러니?

③ 당신이 떠난 지 벌써 삼 년이 되었다.

④ 사촌 언니는 나보다 세 살 위이다.

03 맞춤법이 모두 적절한 것은?

① 허드레일, 주추, 전율

② 몽땅, 납짝, 궁시렁대다

③ 총유탄, 핫옷, 구름양

④ 얼루기, 늦깍이, 서리발

04 다음 단어의 의미 관계가 나머지와 <u>다른</u> 것은?

① 단어–낱말

② 오목–볼록

③ 할머니–할아버지

④ 뜨겁다–차갑다

05 다음 밑줄 친 서술어 중 자릿수가 나머지 셋과 다른 것은?

① 농부는 언 땅을 갈아엎었다.
② 기름에 갓 튀긴 튀김이 바삭하다.
③ 나는 정장을 차려입었다.
④ 어머니는 내 옷을 만들 옷감을 재단하셨다.

06 다음 중 외래어 표기가 적절한 것은?

① 블럭, 패스포트, 프로토콜
② 스푼, 스폰지, 사르트르
③ 그랜드 캐니언, 프로이트, 웨스트민스터
④ 프로펠러, 크루와상, 크리스마스씰

07 다음 작품이 지니고 있는 시적 정서와 가장 유사한 것은?

> 梅窓(매창) 아젹 벼틔 香氣(향기)예 잠을 씨니
> 山翁(산옹)의 히욜 일이 곳 업도 아니ᄒ다.
> 울 밋 陽地(양지) 편의 외씨를 씨허 두고
> 미거니 도도거니 빗김의 달화 내니
> 靑門故事(청문고사)를 이제도 잇다 ᄒ다.
> 芒鞋(망혜)를 뵈야 신고 竹杖(죽장)을 홋더디니
> 桃花(도화) 핀 시내 길히 芳草洲(방초주)에 니어 세라.
> 닷봇근 明鏡中(명경중) 절로 그린 石屛風(석병풍)
> 그림재 버들 사마 西河(서하)로 홈ᄭ 가니
> 桃源(도원)은 어드매오 武陵(무릉)이 여긔로다.
>
> ─정철, '성산별곡'

① 간밤의 부던 ᄇ람에 눈서리 치단말가.
　落落長松(낙락장송)이 다 기우러 가노미라.
　ᄒ믈며 못다 핀 곳이야 닐러 므슴 ᄒ리오.

② 靑草(청초) 우거진 골에 자는다 누엇는다.
　紅顔(홍안)을 어듸 두고 白骨(백골)만 무쳣는이.
　盞(잔) 자바 勸(권)ᄒ리 업스니 그를 슬허 ᄒ노라.

③ 春山(춘산)에 눈 녹인 바롬 건듯 불고 간 듸 업다.
　져근덧 비러다가 마리 우희 불니고져.
　귀 밋티 ᄒ묵은 서리를 녹여 볼가 ᄒ노라.

④ 十年(십 년)을 經營(경영)ᄒ야 草廬三間(초려삼간) 지여 내니,
　나 ᄒ 간 돌 ᄒ 간에 淸風(청풍) ᄒ 간 맛져 두고
　江山(강산)은 들일 듸 업스니 둘러 두고 보리라.

08 다음을 읽고 가장 옳지 <u>않은</u> 것을 고르시오.

> 설탕은 인류 문명에 많은 영향을 끼쳤다. 설탕의 주요 공급원인 사탕수수는 기원전 8000년경 뉴기니에서 유래하여 인도, 태평양 제도로 퍼졌다. 기원전 500년경 인도 아대륙에서 사탕수수 재배가 광범위하게 이뤄졌다. 인도인들은 칸다(khanda)라고 부르는 결정화된 설탕을 생산하고 이를 정제하는 기술을 개발했다.
>
> 아랍의 학자들은 사탕수수를 분쇄하기 위해 물레방아를 사용하거나, 사탕수수즙을 증발시키고 설탕 결정을 얻기 위해 증발 팬을 사용하는 등 혁신적인 기술의 발전을 이뤘다. 아랍 상인들은 설탕 재배와 정제에 필요한 지식을 중동, 북아프리카 등에 전파했다. 특히, 아랍의 설탕 정제 기술은 십자군 전쟁 동안 유럽에 널리 퍼졌는데, 중동에서 돌아온 유럽 십자군은 설탕 정제 기술과 관련된 지식을 되살려 시칠리아, 키프로스, 스페인 등에 설탕 정제소를 세우는 데 이바지했다. 설탕 생산은 키프로스, 시칠리아, 크레타에 대규모 농장이 도입되면서 지중해 전역으로 확대되었다. 15세기에 포르투갈의 항해자들은 사탕수수를 마데이라 제도와 카나리아 제도에 도입했고, 이 지역은 설탕 생산의 중심지가 되었다.
>
> 16세기 아메리카 대륙의 식민지화와 함께 브라질, 카리브 제도(특히 바베이도스) 등에서 사탕수수 재배가 시작되었다. 대서양 노예무역은 노예 아프리카인들이 농장에 필요한 노동력을 제공했기 때문에 설탕 생산과 밀접하게 연결되어 있었다.
>
> 18세기와 19세기에 증기 동력, 개선된 정제 기술, 사탕무 압착기의 발명 등의 기술 발전이 이뤄지면서 설탕 생산에 혁명이 일어났다. 대량 생산이 가능해지면서 설탕은 더 이상 사치품이 아니라 가정의 주식이 되었다. 산업화, 도시화, 가공식품의 증가는 설탕 수요의 증가를 더욱 부채질했다. 그러나 최근 수십 년 동안 설탕의 과도한 소비와 이로 인한 비만과 당뇨병 등의 증가로 설탕 소비 억제는 공중 보건에 중요한 관심사가 되었다.

① 십자군 전쟁은 설탕 정제 기술이 유럽으로 전해지는 계기가 되었다.

② 사탕수수로부터 설탕을 생산하는 기술은 아랍 지역에서 크게 발전하였다.

③ 18세기 전까지 설탕은 사치품으로서의 지위를 누렸다.

④ 사탕수수 재배 기술은 뉴기니에서 인도로 전파되었다.

09 다음 글을 문맥에 맞게 배열한 것은?

> (가) TV 폭발로 인한 화재 사건이나 학교 단체급식 식중독 사고 등 소비재나 식품에 관련된 사고 소식을 신문이나 뉴스를 통해 이따금 접하게 된다. 아직까지 뚜렷한 원인을 찾지 못하고 있는 자동변속 자동차의 급발진 사고 등 제품의 안전성 결함으로 인한 신체나 재산상의 피해 소식도 끊임없이 들려온다.
>
> (나) 최근에는 이와 같이 소비자 안전을 중요하게 생각하는 기업들도 많아지는 것 같다. 하지만 소비자 입장에서 볼 때 아직도 소비자 안전이 무시되거나 등한시되어 발생되는 사건 사고를 종종 보게 된다. 일부 업체이긴 하지만, 제품의 구조적인 문제로 사고가 발생되더라도 이를 숨기거나 발생한 사고에 대해서만 음성적으로 무마하려는 사례가 적지 않다. 대기업의 경우도 예외는 아니다. 더 이상 사고가 생기지 않으면 다행이지만 불행은 예고 없이 찾아올 수 있는 것이다.
>
> (다) 다른 소비자 문제와는 달리, 이러한 제품 안전에 관련된 문제는 당사자 간의 자체적인 해결이 쉽지 않다. 왜냐하면 자동차 급발진 사고와 같이 일단 사고가 발생하면 그 피해가 적지 않으며, 경우에 따라서는 상해나 사망과 같이 회복이 어려운 상황이 초래된다. 또한 사고의 원인이 제품의 결함 때문인지 아니면 피해자의 과실 때문인지 여부를 가리기 어려워 당사자 간 분쟁은 피할 수 없는 일이 된다.
>
> (라) 정부에서는 이러한 제품에 관련된 사고를 미연에 방지하거나 최소화하기 위한 여러 안전 제도를 시행하고 있다. 리콜 제도가 그 좋은 예이다. 몇 해 전에 국내 굴지의 가전회사가 폭발 가능성이 있는 문제의 밥솥들을 5만 원의 보상금까지 지급하면서 회수(recall)한다고 대대적으로 광고한 적이 있다. 이는 결함 제품으로부터 소비자를 보호하기 위해 회사가 자발적으로 시행하는 리콜 제도의 한 형태이다. 다행히 전기밥솥의 경우는 회사의 적극적인 조치로 문제가 커지기 전에 사고를 예방할 수 있었다.
>
> —이종인, '당신이 소비자라면'

① (가) — (나) — (다) — (라)

② (가) — (다) — (라) — (나)

③ (나) — (다) — (라) — (가)

④ (나) — (가) — (다) — (라)

10 다음 글의 중심 내용으로 가장 적절한 것은?

우리가 어릴 때 즐겨 부르던 마징가 제트와 같은 만화 영화 주제가들은 상당수가 일본 것이었습니다. 하지만 일본 만화가 우리나라에 수입될 때는 약간 변형되어 들어오게 되는데, 그 변화를 통해 당시 두 나라의 사회적 분위기를 엿볼 수 있습니다.

여러분의 이해를 돕기 위해 70년대에 유행했던 '캔디'라는 만화 영화를 예로 들어 볼까 합니다. 먼저 한국 노랫말을 들어 볼까요? "외로워도 슬퍼도 나는 안 울어. 참고, 참고 또 참지 울긴 왜 울어." 이번에는 일본 노랫말을 들어 보세요. "주근깨 같은 것은 신경 쓰지 않아. 납작코이긴 하지만 마음에 들고." 같은 곡의 노랫말인데도 그 분위기는 사뭇 다릅니다. 원곡의 캔디는 당당하고 발랄한 말괄량이지요. 그런데 우리말로 된 노랫말에서는 느닷없이 슬퍼도 울지 않고 참아 내는 성숙한 소녀가 되어 있습니다.

이것은 무엇을 의미할까요? 저는 이것이 70년대 두 나라 여성의 위상 차이를 반영하고 있다고 생각합니다. '캔디'가 만들어졌을 당시의 일본은 전후 최고의 경제 호황을 누리고 있었습니다. 당연히 여성들의 적극적인 사회 참여가 요구되었겠죠. 만화에서도 캔디는 대들고 싸워 가면서 자신의 인생을 개척하는, 적극적이고 활달한 소녀로 그려졌습니다. 하지만 이 만화 영화가 수입되었을 당시 우리나라는 그런 상황이 아니었습니다. 여성에 대한 보수적인 고정 관념도 일본에 비해 상당히 컸고요. 결국 순종적인 여성상을 요구했던 당시의 전반적인 사회 의식이 노랫말에 투영된 것이라고 하겠습니다.

① 한국 사회는 일본 사회보다 줄곧 여성에게 억압적인 태도를 보여 왔다.
② 만화 영화 주제가에서 당시의 시대상을 읽을 수 있다.
③ 만화 영화 주제가는 원작을 그대로 번역하는 것이 바람직하다.
④ 일본의 '캔디' 주제가는 외모를 평가하는 내용을 담고 있다는 점에서 비판받아야 한다.

바로 채점하기 정답·해설 _약점 보완 해설집 p.28

01	②	02	②	03	③	04	①	05	②
06	③	07	④	08	④	09	②	10	②

다음 중 올바른 어휘에 동그라미표 치시오.

01 (돗나물, 돈나물, 돌나물)로 물김치를 만들어도 맛있지.

02 유물 발굴에서는 (돌맹이, 돌멩이)라고 해서 함부로 다뤄선 안 돼.

03 표면이 매끄럽고 (맨질맨질하다, 만질만질하다).

04 풍경이 좋아서 예정과 달리 하루를 더 (머물었다, 머물렀다).

05 그녀는 (베갯입, 베갯잇)이 젖도록 펑펑 울었다.

06 내년을 위해 (벼씨, 볍씨)를 모아 두었다.

07 이번 축구 경기는 (새벽녁, 새벽녘)에 시작한다.

08 (생각컨대, 생각건대) 그녀는 날 잊지 못했다.

09 (애저녁, 애초)에 글러 먹은 일이야.

10 그 일은 (애당초, 애시당초) 기대할 수 없는 일이었어.

정답 | 01 돌나물   06 볍씨
02 돌멩이   07 새벽녘
03 만질만질하다 08 생각건대
04 머물렀다   09 애초
05 베갯잇   10 애당초

01 다음 밑줄 친 부분이 어문 규정에 맞지 <u>않은</u> 것은?

① 그는 입만 열만 <u>구구절절이</u> 시비야.

② 내 생각보다 그 둘은 <u>얽히고섥힌</u> 복잡한 관계였다.

③ 밭에 가보니 수박은 없고 <u>덩굴만</u> 남았다.

④ 오늘 우리 집에 온 강아지는 <u>무녀리</u>이다.

02 다음 중 띄어쓰기를 고쳐야 하는 문장은?

① 오랜만에 새옷을 사서 기분이 좋다.

② 이번에는 내 물건을 살 것이다.

③ 그 사람은 제멋에 사는 것밖에 몰라.

④ 동생도 동생대로 힘든 일이 많은 것 같았다.

03 <보기>에 제시된 식물과 관련 있는 한자 성어의 연결이 적절하지 <u>않은</u> 것은?

┌─────── 보기 ───────┐
매화 국화 소나무 잣나무
└──────────────────┘

① 매화: 暗香浮動   ② 국화: 傲霜孤節

③ 소나무: 落落長松   ④ 잣나무: 好生之物

04 다음 문장의 형태소를 나눈 내용으로 옳은 것은?

┌──────────────────────────┐
고향에서 온 아빠에게 차를 드렸다.
└──────────────────────────┘

① 형태소의 개수는 총 12개이다.

② 형식 형태소의 개수는 9개이다.

③ 자립 형태소의 개수는 3개이다.

④ 실질 형태소와 의존 형태소의 합은 14개이다.

05 이 작품에 대한 설명으로 옳지 <u>않은</u> 것은?

┌──────────────────────────────────┐
公無渡河   임이여 그 강을 건너지 마오.
公竟渡河   임은 그예 강을 건너시네.
墮河而死   강에 빠져 돌아가시니,
當奈公何   가신 임을 어이할꼬.
                    ─백수 광부의 아내, '공무도하가'
└──────────────────────────────────┘

① 이 작품은 중국 문헌에 채록되어 전해졌다.

② 배경 설화와 함께 전해지는 노래이다.

③ 현전하는 고대 가요 중 두 번째로 오래된 작품이다.

④ 3구의 '강'은 죽음의 이미지이다.

06 다음 의미에 해당하는 예문은?

> 손: 어떤 일을 하는 데 드는 사람의 힘이나 노력, 기술

① 나는 부모님이 일찍 돌아가셔서 조부모님의 손에서 자랐다.

② 범인은 경찰 당국의 손이 닿지 않는 곳으로 사라졌다.

③ 잔칫날이 되자 손이 부족해 정신이 없었다.

④ 시간이 흐른 후에 나는 그의 손에 놀아났다는 것을 깨달았다.

※ 다음을 읽고 물음에 답하시오.

(앞부분 줄거리) 이혈룡과 김진희는 어린 시절 동문수학하며 출세하면 서로 돕기로 맹세를 하였다. 이후 이혈룡은 집안이 몰락했고 김진희는 과거에 합격하여 평안 감사가 된다. 이혈룡은 과거의 약속을 믿고 김진희를 찾아갔으나 김진희는 이혈룡을 죽이려 한다. 이때 기생 옥단춘이 이혈룡을 구한 뒤 그와 연분을 맺는다. 옥단춘의 도움으로 과거에 급제한 이혈룡은 암행어사가 되어 정체를 숨긴 채 김진희를 다시 찾는다.

"평안 감사 김진희야, 너는 여기 와 있는 이혈룡을 몰라보느냐!"

두세 번 외친 뒤에야 취한 김 감사가 알아듣고, / "호장, 저놈이 어떤 놈이냐!"

호장이 찔끔하고 뛰어와서 이혈룡의 뺨을 치고 등을 밀며, 상투를 잡아끌고 가서 감사 앞에 꿇어 앉혔는데, 그러자 김 감사가 노성 대발하고,

"너 이놈 들으라! 웬 미친놈이 와서 감히 나를 희롱하느냐!"

이혈룡이 어이없어 가로되,

"나는 서울 이 정승 아들 이혈룡이다. 너를 친구라고 먼 길을 찾아왔으나 감사의 문턱이 하도 높아서 성명조차 통기하지 못하고 달포나 묵느라고 노자도 떨어지고 기갈을 면하지 못하여 문전걸식하고 다니다가, 오늘이야 이 자리에서 너를 보게 되니 이제 죽어도 한이 없다. 그러나 너를 친구라고 찾아왔는데 어찌 이토록 괄시하느냐? 옛날의 친구도 쓸데없고, 결의형제(結義兄弟)도 쓸데없구나. 내가 네 처지라면 친구 대접을 이렇게는 하지 않을뿐더러 내 모든 모욕을 참고 한 가지 청을 하겠으니, 네 술잔 값도 안 될 전백(錢百)이라도 주면 기갈 중에 신음하는 노모와 처자를 잠시 먹여 살리겠다." / 하고 대성통곡(大聲痛哭)하였으나, 김 감사는 불쾌한 안색으로 묵묵히 말이 없으매, 이혈룡은 다시 울음 섞인 음성으로 호소하기를,

"이 몹쓸 김진희 놈아, 내가 지금 푼전의 노자가 없으니 멀고 먼 서울 길을 어찌 돌아가랴."

그러자 김 감사가 노발대발하고 호통치기를,

"너희들 이 미친놈을 배에 실어다가 강물 한 복판에 던져서 물고기 밥을 만들어라." / "네잇!" (중략)

이때 아직 신분을 밝히지 않은 암행어사 이혈룡이 사공들에게 묶여서 배에 실려 오를 적에 탄식하고 하는 말이,

"붕우유신(朋友有信) 쓸데없고, 결의형제 쓸데없구나. 전에는 너와 내가 생사를 같이 하자고 태산처럼 맺었더니, 살리기는 고사하고 죄 없이 죽이기를 일삼으니 그럴 법이 어디 있나. 오륜(五倫)을 박대하면 앙화(殃禍)가 자손에게까지 미치리라."

하고, 대동강의 맑은 물을 바라보며 한탄을 계속 하니라.

"대동강 맑은 물아, 너와 내가 무슨 원수로, 한 번 죽기도 억울한데, 두 번이나 죽으려고 이 모양을 시키느냐. 정말로 죽게 되면 가련하고 원통하다."

이때 옥단춘이 이혈룡의 손을 부여잡고 만경창파(萬頃蒼波) 바라보며 기절할 듯이,

"원통하고 가련하다. 무죄한 우리 목숨 천명을 못다 살고 어복중(魚腹中)의 원혼되니, 청천(靑天)은 감동하사 무죄한 이 인생을 제발 살려 주소서."

하고 하늘에 호소할 때, 물에 던지기를 재촉하는 북소리가 한 번 울리니, 옥단춘은 더욱 기가 막히더라.

"애고 애고, 이 일을 어찌할까. 임아 임아 낭군님아. 어찌하여 산단 말이오?" / 하고 울부짖자 이혈룡이 옥단춘을 달래며,

"울지 마라 울지 마라, 죄 없으면 사느니라. 울지 말고 정신 차려라." (중략)

옥단춘이 단념하고 두 눈을 꼭 감고 치마를 걷어 올려서 머리에 쓰고 이를 갈면서 벌벌 떨고,

"에구머니 나 죽는다!" / 한 마디 지르고 풍덩 뛰어들려고 하는 순간, 이혈룡이 깜짝 놀라서 옥단춘의 손을 부여잡고 가로되, / "죽어도 같이 죽고 살아도 같이 살자."

하고 잡아서 옆에 앉히고, 저쪽 연광정을 흘겨보면서,

"얘들, 서리 역졸들아!" / 하고 부르는 소리 천지를 진동하니, 난데없는 역졸들이 벌 떼처럼 달려들며, 우레 같은 고함 소리와 함께, / "암행어사 출도하옵시오!" / 하는 소리가 연광정과 대동강을 뒤엎을 듯하니라.

"저기 가는 뱃사공아, 거기 타신 어사또님 놀라시지 않도록 고이 고이 잘 모셔라!"

이때 암행어사 이혈룡이 비로소 배 안에서 일어서면서 사공에게 호령하기를,

"이 배를 빨리 연광정으로 돌려 대라!" / 사공들이 귀신에 홀린 듯이 어찌할 바를 모르고 허둥지둥 배를 몰아 연광정 밑으로 대니, 옥단춘이 그때야 정신을 차리고 원망스러운 듯이,

"임아 임아, 암행어사 서방님아, 이것이 꿈이런가, 만일에 꿈이라면 깰까 봐 걱정이오." / 어사또 옥단춘을 위로하며,

"사람은 죽을 지경에 빠진 후에도 살아나는 법인데, 너 어떤 재미 보았느냐." / 하고 여유 있게 말하니, 옥단춘이 비로소 마음 턱 놓고 재담으로 대꾸하니라.

"구중궁궐(九重宮闕) 아녀자가 어디 가서 보오리까."

어사또 출도하여 연광정에 좌정(坐定)하고 사방을 살펴보니, 오는 놈 가는 놈이 모두 넋을 잃고, 역졸에게 맞은 놈은 유혈이 낭자하다. 눈 빠진 놈, 코 깨진 놈, 머리 깨진 놈이 오락가락 무수하다. 그중에서 각 읍의 수령들은 불의의 변을 당하고 겁낸 거동 가관이다. 칼집 쥐고 오줌 싸고, 안장 없는 말을 타고, 개울로 빠져 들고, 말을 거꾸로 타기도 하고, 동서를 분별하지 못하여 이리저리 갈팡질팡 도망친다. 오다가 혼을 잃고 가다가 넋을 잃고 수라장(修羅場)으로 요란할 제, 평양 감사 김진희의 거동이 가장 볼만하니라.

— 작자 미상, '옥단춘전(玉丹春傳)'

07 윗글에 대한 반응으로 적절하지 <u>않은</u> 것은?

① 김진희가 이혈룡을 대하는 태도가 변함이 없는 건 아직 그의 정체를 모르기 때문이군.

② 이혈룡은 신의를 저버린 김진희를 강도 높게 비판하고 있군.

③ 옥단춘은 이혈룡의 정체를 알고 있어서 그가 죽지 않을 것을 알고 연기를 하고 있군.

④ 사공들은 이혈룡이 암행어사라는 것을 알게 된 후 김진희가 아닌 그의 말을 따르고 있군.

08 다음 내용을 근거로 사용할 수 있는 글은?

> 한 납품업자가 단무지 자투리를 유명 식품회사의 만두소 재료로 납품했다. 이 사건은 언론에 '쓰레기 만두'라는 이름으로 보도됐다. 여론은 들끓었고 소비자들은 분노했다. 그 표현 때문에 납품업자의 잘못이라는 점은 가려지고, 만두를 만든 식품회사로만 비난이 쏟아졌다.
>
> 불똥은 이런 만두소를 쓰지 않은 멀쩡한 만두 회사로까지 옮겨붙었다. 결국 만두 자체의 불매 운동이 시작됐다. 만두 시장은 꽁꽁 얼어붙었다. 매출 급감을 견디지 못한 회사들은 하나둘 문을 닫았다.

① 표현 때문에 전달하고자 하는 내용이 달리 전달될 수 있다는 것을 설명하는 글

② 언론사의 선동적 기사 보도가 단무지 납품 회사에 끼치는 영향을 설명하는 글

③ 잘못을 저지르고도 제대로 된 처벌을 받지 않는 납품업자들의 사례를 소개하는 글

④ 식품 불매 운동이 군중 심리의 변화에 끼치는 양상을 설명하는 글

09 다음 글의 내용으로 적절하지 <u>않은</u> 것은?

> 인구학은 인구의 구성, 분포, 특성 및 변화에 대해 연구하는 학문 분야이다. 인구학은 사회과학의 한 분야로서 사회, 경제, 건강, 교육, 정치 등 다양한 측면에서 인구와 관련된 문제를 조사하고 해석한다. 인구학은 주로 인구 통계학과 인구 동태학으로 나뉜다. 인구 통계학은 인구의 구성과 특성을 수치적으로 분석하고, 인구 동태학은 인구의 변화와 움직임을 연구한다.
>
> 인구학은 인구 구조를 파악하고 예측하는 데 중요한 도구이다. 인구 통계학은 인구의 나이, 성별, 인종, 국적, 교육 수준, 경제 활동 등과 같은 특성을 통계적으로 분석하여 인구의 구조와 특징을 파악한다. 이를 통해 인구의 성장, 고령화, 청년 인구 감소, 이민 등 다양한 인구 변화를 예측하고 사회 정책 및 경제 계획 수립에 활용된다.
>
> 인구학은 또한 인구의 건강 상태와 질병 패턴을 이해하는 데에도 중요한 역할을 한다. 인구 통계학적인 특성과 건강 지표의 상관관계를 분석하여 각종 질병의 발생, 확산, 예방, 치료에 대한 정책 수립과 의료 자원 배분을 지원한다.
>
> 또한 인구학은 사회 경제적인 문제와 연관되어 사회 과학 연구에서 중요한 도구로 활용된다. 인구의 교육 수준, 경제 활동, 소득 분배, 빈곤, 사회 계층 등과 같은 요인을 분석하여 사회 현상과 경제 발전에 영향을 미치는 인구의 특성을 이해하고 사회 정책과 경제 계획을 수립하는 데에 활용된다.
>
> 인구학은 빠르게 변화하는 현대 사회에서 인구 동향을 이해하고 사회 문제에 대한 해결책을 모색하는 데에 매우 중요한 역할을 한다. 이를 통해 인구 변화에 대응하는 정책 수립과 사회의 지속적인 발전을 위한 기반을 마련할 수 있다.

① 인구학은 인구에 대해 수치적으로 분석하거나 변화를 연구한다.

② 인구 변화에 대한 예측은 사회 정책이나 경제 계획 수립에 활용할 수 있다.

③ 인구 통계학적인 특성과 건강지표에는 인과관계가 존재한다.

④ 인구학은 사회의 지속적인 발전을 위한 기반이 될 수 있다.

10 다음을 읽고, 밑줄 친 부분에 들어갈 내용으로 가장 적절한 것을 고르시오.

> 한 설문지 조사에서 한국 설화 제목 중 읽고 싶은 설화를 선택하여 읽은 후 질문지에 응답을 하도록 하였다. 해당 설화를 왜 선택하였으며 어떻게 생각하는지, 알고 있었던 내용인지, 마음에 들거나 들지 않는 부분은 어떤 부분이었는지 등을 물었다. 그리고 마지막으로 한국 설화를 세계인들에게 알리는 방법에 대한 의견을 물었다.
>
> 참여자 중에는 1개 이상의 설화를 중복하여 선택한 사람도 있었고, 23개 전체를 다 읽어보고 싶다고 한 경우도 있었다. 설화를 선택한 이유로는 제목이 재미있게 느껴졌다는 이유가 가장 많았고, 교포의 경우 아는 이야기가 아닐까 싶어서 선택했다는 대답도 있었다.
>
> 대체로 〈연오랑과 세오녀〉 그리고 〈콩쥐 팥쥐〉와 같은, 그들에게 낯선 이름과 제목에는 관심을 덜 보였다. 이 설화를 선택한 사람들도 특별한 관심 때문이 아니라 모든 설화를 다 읽고 싶다거나, 설화의 번호를 무작위로 선택한 경우였다. 한 참여자가 〈콩쥐 팥쥐〉를 선택하긴 했으나 그것이 남편과 아내의 이름이며 부부의 이야기일 거라고 생각하여 읽어보고 싶었다고 대답했다. 이를 고려하면, _____ _____.

① 세계인들이 한국 설화를 쉽게 접하도록 정부에서 작품 번역에 힘써야 한다.

② 한국 설화를 세계적으로 알리려면, 세계인들에게 낯선 제목 대신 새로운 제목을 붙이는 것이 좋을 것이다.

③ 부부에 관한 설화부터 세계인들에게 알리는 것이 한국 설화를 널리 알리는 데 도움이 될 것이다.

④ 위 조사는 한국 설화에 대한 세계인의 인식을 알아본 점에서 의의가 있으나 표본 수가 적은 점은 아쉽다.

바로 채점하기 정답·해설 _약점 보완 해설집 p.31

01	②	02	①	03	④	04	③	05	③
06	①	07	③	08	①	09	③	10	②

☑ 헷갈리기 쉬운 어휘 Check

다음 중 올바른 어휘에 동그라미표 치시오.

01 길을 걷다가 (돌, 돍)에 발이 걸려 넘어졌다.

02 (돌뿌리, 돌부리)에 걸리는 바람에 발목이 꺾였다.

03 살림이 늘어서 (머릿방, 머리방)을 창고로 쓰기로 했다.

04 (머다랗게, 멀다랗게) 보이는 산

05 그 부위가 닭의 (볏, 벼슬)이라고 한다.

06 철수 동네는 조금 떨어진 읍내와는 달리 매우 (벽졌다, 외졌다).

07 동생이 (새양쥐, 생쥐)를 키우겠다고 성화다.

08 그는 그야말로 (생무지로, 생판) 모르는 사람이다.

09 지나가다 (애달픈, 애닮은) 노랫소리를 들었다.

10 지금 (얻다가, 어따가) 화풀이를 하시는 거예요?

정답 | 01 돌 06 외졌다
02 돌부리 07 생쥐
03 머릿방 08 생판
04 머다랗게 09 애달픈
05 볏 10 얻다가

01 <보기>에서 표준 발음만 고른 것은?

┌─── 보기 ───┐
⊙ 이죽야죽[이중냐죽]
ⓒ 끝끝내[끈끈내]
ⓒ 홀연히[호려니]
ⓔ 계제[계:제]
ⓜ 읊조리다[읍쪼리다]
└────────┘

① ⊙, ⓒ, ⓔ   ② ⓒ, ⓒ
③ ⓒ, ⓒ, ⓜ   ④ ⊙, ⓔ, ⓜ

02 밑줄 친 단어의 의미 관계가 다의 관계가 <u>아닌</u> 것은?

① 썰물 때가 돼서 <u>물</u>이 빠졌다.
　사회 <u>물</u>을 먹어야 세상의 어려움을 알 수 있다.
② 자전거 바퀴에서 <u>바람</u>이 빠졌다.
　그의 <u>바람</u>대로 아들은 명문대에 입학했다.
③ 이번 공사를 통해 뭍으로 가는 <u>다리</u>가 생겼다.
　나는 경주와 희선이가 화해할 수 있도록 <u>다리</u>를 놓았다.
④ 가게에 <u>손</u>이 부족해서 일하기가 힘들다.
　지폐 몇 장이 그의 <u>손</u>에 떨어졌다.

03 빈칸에 들어갈 한자 성어로 적절한 것은?

┌──────────────────────────┐
　선친께서 빚봉수를 잘못하여 일조에 집안은 풍비
박산, (　　　)으로 부친마저 심화병으로 세상을
뜨게 됐는데 식구는 졸지에 집을 비워 주고 거리에
나앉을 신세가 되었고.
　　　　　　　　　　　　　　　　－박경리, '토지'
└──────────────────────────┘

① 結者解之   ② 天佑神助
③ 雪上加霜   ④ 修己治人

04 다음 중 띄어쓰기가 적절하지 <u>않은</u> 것은?

① 그는 시작하는 족족 모두 성공했다.
② 물론 네 말이 맞고 말고.
③ 할머니는 돋보기가 없으면 큰 글씨조차 읽지 못하신다.
④ 나는 하릴없이 심부름을 했다.

05 <보기> 파생어 ⓐ ~ ⓔ를 탐구한 것으로 적절하지 <u>않은</u> 것은?

┌─── 보기 ───┐
ⓐ 날개, 덮개, 베개, 지우개
ⓑ 군기침, 군말, 군것, 군소리
ⓒ 꼬이다, 놓이다, 떼이다, 쌓이다
ⓓ 끓이다, 높이다, 줄이다, 붙이다
ⓔ 신비롭다, 지혜롭다, 풍요롭다, 향기롭다
└────────┘

① ⓐ의 접미사는 '도구'의 의미를 나타내고, ⓑ의 접두사는 '쓸데없는'의 의미를 나타낸다.
② ⓐ와 ⓓ의 어근은 동사로 같고, 파생어의 품사는 ⓐ는 명사, ⓓ는 동사로 서로 다르다.
③ ⓒ의 접미사는 자음이나 모음으로 끝나는 어근과 결합하고, ⓔ의 접미사는 모음으로 끝나는 어근에만 결합한다.
④ ⓓ의 어근은 자립성이 없으나, ⓔ의 어근은 자립성이 있다.

06 ㉠에 들어갈 문장으로 적절한 것은?

> 탐구는 사람들이 확실하다고 믿고 있는 사실을 당연하게 받아들이지 않고 의심하는 일을 뜻한다. 일반적으로 사람들은 의심을 부정적으로 생각하지만 과학에서 의심은 숨겨진 진실을 밝히는 역할을 한다. 의심하는 순간 감춰져 있던 진실이 생명을 얻고 살아난다. 그렇다고 무조건 의심만 해서는 안 된다. 의심할 때 가져야 할 자세는 (㉠)이다. 이처럼 탐구하는 것은 우리 주변의 잘못된 믿음을 의심하고 가설을 세워 입증하고 잘못된 것을 바로잡는 일이다.

① 내가 해결할 수 있는 것에 대해서만 의심하는 것

② 사람들의 의견이 일치하는 않는 주장을 의심하는 것

③ 매체에 등장한 내용을 의심하는 것

④ 사람들이 모두 맞다고 하는 주장이 옳지 않은 믿음일 수도 있다고 생각하는 것

07 ㉠~㉣에 대한 설명으로 적절하지 <u>않은</u> 것은?

> 도념: (홀연히) 스님, ㉠ 전 세상에 가서 살구 싶어요.
>
> 주지: 닥뜨려. 무얼 잘했다구 또 그런 소릴 하구 있니?
>
> 도념: 절더러 거짓말한다구만 마시구, 저한테 어머니 계신 데를 가르쳐 주십쇼.
>
> 주지: 네 어미란 대죄를 지은 자야. 너에게 에미라기보다 대천지원수라는 게 마땅하겠다. 파계를 한 네 에미 죄의 피가 그 피를 받은 네 심줄에 가뜩 차 있으니까, ㉡ 너는 남이 한 번 헤일 염주면 두 번을 헤어야 한다.
>
> 도념: 왜 밤낮 어머니 욕만 하십니까? 아름다운 관세음보살님은 그 얼굴처럼 마음두 인자하시다구 하시지 않으셨어요? 절에 오는 사람마다 모두들 우리 엄마는 이뻤을 것이라구 허는 걸 보면 스님 말씀 같은 그런 무서운 죄를 지으셨을 리가 없어요.
>
> 주지: 그건 부처님에게만 여쭙는 소리야. 너 《유식론(唯識論)》에 쓰인 경문을 알지?
>
> 도념: 네.
>
> 주지: "외면사보살(外面似菩薩) 내면여야차(內面如夜叉)"라 하셨느니라. 네 어미는 바루 이 경문과 같이, 얼굴은 보살님같이 아름답지만, 마음은 야차같이 무서운 독물이야.
>
> 도념: 스님, 그렇게 악마 같을 리가 없습니다.
>
> 주지: 네 아비의 죄가 네 어미에게두 옮아서 그러니라.
>
> 도념: 옳다니요?
>
> 주지: 네 아비는 사냥꾼이거든. 하루에두 산 짐승을 수십 마리씩 잡어. 부처님의 가슴을 서늘하시게 한 대악무도한 자야. 빨리 법당으로 들어가자. 냉수에 목욕하구, 내가 부처님께 저지른 죄를 모다 깨끗이 씻어 주시두룩 기도해 주마.
>
> 도념: 싫어요, 싫어요. 하루 종일 향불 냄새를 쐬면 골치가 어찔어찔해요.
>
> 주지: 이게 무슨 죄 받을 소리니? (조용히 달래며) 도념아, 너, 저 연못을 봐라. 오월이 되면 꽃이 피고, 잎사귀에 구슬 같은 이슬이 구르구 있지 않니? 저렇게 잔잔한 연못두 한 겹 물만 퍼내구 보면 시꺼먼 개흙투성이야. 그것뿐인 줄 아니? 십 년 묵은 이무기가 용이 돼서 하늘루 올라갈랴구 혓바닥을 낼름거리며 비 오기만 기다리구 있단다. ㉢ 동네두 꼭 저 연못과 마찬가지야. 겉으루 보면 모두 즐겁구 평화한 듯하지만 속에는 모든 죄악과 진애(塵埃)가 들끓는 그야말루 경문에 아로새겨 있는 글자 그대루 오탁(五濁)의 사바(娑婆)니라.
>
> 도념: 아니에요. 모두들 그렇지 않대요. 연못 속에는 연근이라는 뿌럭지가 있지 이무기는 없대요.
>
> 주지: 누가 그러던? 누가 그래?
>
> 도념: ㉣ 동네 사람들 올라올 적마다 물어봤어요.
>
> 주지: 그럼 동네 녀석들 하는 소리는 정말이구 내 말은 거짓말이란 말이지? 경전이, 부처님 말씀이 모두 거짓말이란 말이지? 오! 이런 불가사리 같은 녀석 봤나? (하고 펄펄 뛴다.)
>
> 　　　　　　　　　　　　　　－함세덕, '동승'

① ㉠ 어머니와 같이 살 수 있는 속세로 가고 싶은 '도념'의 심정이 드러난다.

② ㉡ '도념'이 그동안 속세에 대한 생각으로 수양에 소홀했음을 의미한다.

③ ㉢ 속세를 부정적으로 묘사함으로써 '도념'을 달래려는 의도가 나타난다.

④ ㉣ '도념'이 속세에 대한 생각을 늘 하고 있었음을 암시한다.

08 다음 글의 내용과 일치하지 않는 것은?

비타민 C는 인체에 필요한 중요한 영양소로, 아스코르빈산이라는 화합물로 구성되어 있다. 비타민 C는 많은 과일과 채소에 함유되어 있으며, 오렌지, 딸기, 파인애플, 레몬, 브로콜리 등에서 풍부하게 찾을 수 있다.

비타민 C는 다양한 생리적 기능을 가지고 있는데, 가장 잘 알려진 역할은 항산화 작용이다. 항산화 작용은 자유 라디칼이라는 유해한 분자들을 제거하여 세포 손상을 예방하고, 산화 스트레스로부터 세포를 보호한다. 이를 통해 면역 체계 강화, 염증 억제, 심혈관 건강 개선 등에 도움을 줄 수 있다.

또한 비타민 C는 콜라겐 합성에 필수적인 역할을 한다. 콜라겐은 피부, 결합 조직, 혈관 등의 건강을 유지하는 데 중요한 단백질인데, 비타민 C는 콜라겐 합성에 필요한 효소의 활성화를 돕고, 콜라겐 분자의 안정성을 유지하여 피부 탄력과 재생력을 향상시킨다. 비타민 C는 철 흡수를 촉진시키는 역할도 한다. 철은 적혈구 형성과 산소 운반에 중요한 역할을 하는데, 비타민 C는 철의 흡수를 도와 철 결합력을 높여 철의 흡수 효율을 높인다.

그리고 비타민 C는 면역 시스템의 강화에도 중요한 역할을 하는데, 면역 세포의 기능 향상과 항체 생산을 촉진하여 감염에 대한 저항력을 향상시키고, 감기 및 기타 감염성 질환의 예방에 도움을 줄 수 있다.

비타민 C는 일반적으로 안전한 영양소이지만, 매우 높은 용량의 비타민C를 과도하게 섭취할 경우, 소화 장애나 설사와 같은 부작용을 일으킬 수 있으므로 하루 권장 섭취량을 지켜야 한다. 종합적으로 말하면, 비타민 C는 항산화 작용, 콜라겐 합성 촉진, 철 흡수 증진, 면역력 강화 등 다양한 생리적 기능을 가지고 있어 적절한 섭취를 통해 건강한 신체와 면역 체계를 유지할 수 있다.

① 비타민 C의 항산화 작용은 세포 손상을 예방하고 산화 스트레스로부터 세포를 보호한다.

② 비타민 C는 콜라겐 합성과 철 흡수를 촉진하는 역할을 한다.

③ 면역 세포의 기능 향상과 항체 생산은 감염에 대한 저항력을 향상시킨다.

④ 비타민 C는 부작용을 일으키지 않아 하루 권장 섭취량을 넘겨도 무방하다.

09 다음 글의 내용으로 적절하지 않은 것은?

아리스토텔레스(384~322 B.C.E)는 고대 그리스 철학자이며, 알렉산드로스 대왕의 교사로 활동한 후, 아테네에서 자신의 학교인 루게이온(Lyceum)을 설립하여 사람들을 가르치는 등 그 시대에 큰 영향력을 행사했다. 그는 철학의 거장으로 간주되며, 철학의 다양한 분야에서 독자적이고 체계적인 관점을 제시했다.

아리스토텔레스는 철학의 주요 분야인 논리학, 철학적 방법론, 형이상학, 자연철학, 윤리학 등 다양한 주제에 대해 연구했다. 그는 형식 논리의 기초를 마련하는 등 철학적인 추론과 이론의 타당성을 탐구했으며, 형이상학에서 실재와 원인에 대한 개념을 제시하고 현실 세계의 현상을 설명하기 위해 천체, 원자론, 원인론 등을 탐구하였다.

자연철학 분야에서는 생물학, 물리학, 천문학, 지질학 등 다양한 주제를 다루었다. 그는 실증적인 방법을 도입하면서 실제 관찰과 실험에 기반한 이론을 발전시키는 데 중요한 역할을 했다. 또한 그는 개체의 구조와 기능, 생명 현상 등을 철학적인 분석과 체계적인 분류를 통해 발전시켰다.

아리스토텔레스의 윤리학은 인간 행동과 도덕적 가치에 대한 탐구에 초점이 맞추어져 있다. 그는 '행복'을 귀결인 가치로 간주하고, 덕목을 통해 행복을 실현할 수 있는 윤리적인 생활을 탐구하였는데, 그의 윤리학은 개인의 덕과 공동체의 덕, 공공 선량한 리더십에 관한 이념을 포함하고 있다.

아리스토텔레스의 철학은 중세 유럽에서 큰 영향력을 행사하며 현대 철학의 발전에도 영향을 끼쳤다. 그의 철학은 그리스 철학 전통을 계승하면서도 독자적인 방식으로 다양한 주제를 다루었는데, 그의 이러한 철학적인 개념과 방법론은 지금까지도 철학적인 탐구와 논의에 영감을 주고 있다.

① 아리스토텔레스는 철학의 다양한 주제에 대해 탐구하였으며, 현실 세계의 현상을 설명하기 위한 탐구도 하였다.

② 아리스토텔레스는 실증적인 방법을 도입하여 관찰과 실험에 기반한 이론을 발전시켰다.

③ 아리스토텔레스의 윤리학은 행복을 귀결적인 가치로 간주하였다.

④ 아리스토텔레스의 철학은 그리스 철학 전통을 계승하였기에 중세 유럽에서는 배척당했다.

10 다음 글을 순서대로 올바르게 나열한 것은?

> (가) 하지만 처음부터 그럴 수 있었던 것은 아니다. 첫 강의에서는 X—선 사진에 대한 전문의의 설명을 전혀 이해하지 못했다. 그가 가리키는 부분이 무엇인지, 희미한 반점이 과연 특정 질환의 흔적인지 전혀 알 수가 없었다.
>
> (나) 그가 탐구심을 갖고 좀 더 노력한다면 폐와 관련된 생리적인 변화, 흉터나 만성 질환의 병리학적 변화, 급성 질환의 증세와 같은 다양한 현상들까지도 자세하게 경험하고 알 수 있게 될 것이다. 그는 전문가로서 새로운 세계에 들어선 것이고, 그 사진의 명확한 의미를 지금은 대부분 해석할 수 있게 되었다. 이론과 실습을 통해 새로운 세계를 볼 수 있게 된 것이다.
>
> (다) X—선 사진을 통해 폐 질환 진단법을 배우고 있는 의과 대학 학생을 생각해 보자. 그는 암실에서 환자의 가슴을 찍은 X—선 사진을 보면서, 이 사진의 특징을 설명하는 방사선 전문의의 강의를 듣고 있다. 그 학생은 가슴을 찍은 X—선 사진에서 늑골뿐만 아니라 그 밑에 있는 폐, 늑골의 음영, 그리고 그것들 사이에 있는 아주 작은 반점들을 볼 수 있다.
>
> (라) 전문의가 상상력을 동원해 어떤 가상적 이야기를 꾸며내는 것처럼 느껴졌을 뿐이다. 그러나 몇 주 동안 이론을 배우고 실습을 하면서 지금은 생각이 달라졌다. 그는 문제의 X—선 사진에서 이제는 늑골뿐 아니라 폐도 볼 수 있게 되었다.

① (나) – (다) – (가) – (라)
② (나) – (가) – (다) – (라)
③ (다) – (라) – (나) – (가)
④ (다) – (가) – (라) – (나)

바로 채점하기

정답·해설 _약점 보완 해설집 p.34

01	④	02	②	03	③	04	②	05	②
06	④	07	②	08	④	09	④	10	④

✅ 헷갈리기 쉬운 어휘 Check

다음 중 올바른 어휘에 동그라미표 치시오.

01 (돌팔이, 돌파리) 주제에 뭘 한다고.

02 (동거동락, 동고동락)을 해 온 우리 사이에 이럴 수 있는가.

03 현수는 책을 읽을 때 (머릿말, 머리말)을 먼저 읽는다.

04 형돈이는 강북(멋쟁이, 멋장이)이다.

05 거센 비바람에 (볏가리, 벼가리)가 뭉그러져 있었다.

06 한양에 과거를 보러 가기 위해 미리 (보퉁이, 보통이)를 꾸려 놓았다.

07 맙소사, 이런 (생짜벼락, 생벼락)을 보았나.

08 목수 일은 처음이라 많이 (서툴었다, 서툴렀다).

09 (양칫물, 양치물)을 세면대에 뱉어라.

10 (엄한, 애먼) 짓 하지 말고 정신 똑바로 차려라.

정답 ┃ 01 돌팔이   06 보퉁이
　　　 02 동고동락 07 생벼락
　　　 03 머리말   08 서툴렀다
　　　 04 멋쟁이   09 양칫물
　　　 05 볏가리   10 애먼

01 밑줄 친 용언의 사용이 적절한 것은?

① 밀린 밥값을 <u>치루고</u> 식당을 나왔다.
② 아침에 바빠서 방에 물건을 잔뜩 <u>벌려</u> 두고 등교했다.
③ 나는 이제 힘이 <u>붙여</u> 그 일을 못 한다.
④ 이 거울은 전신을 <u>비추기에</u> 충분하다.

02 다음 중 띄어쓰기가 옳지 <u>않은</u> 것은?

① 동기간에 그렇게 싸우면 되겠니?
② 고부간의 관계는 원만한 편이었다.
③ 오래간만에 부자간에 진지한 이야기를 했다.
④ 가족간에 지킬 것은 지켜야지.

03 밑줄 친 부분이 주격 조사인 것은?

① 그는 작가<u>가</u> 되었다.
② 아버지께서 김밥<u>이</u> 먹고 싶다고 하셨다.
③ 자네 어머니 음식 솜씨가 정말 대단하<u>이</u>.
④ 할머니<u>께서</u> 산책을 가셨다.

04 밑줄 친 부분이 표준 발음법에 맞지 <u>않는</u> 것은?

① 갑작스러운 <u>인기척</u>[인끼척]에 놀라서 소리를 질렀다.
② 지난 수학 시간에 배운 <u>함수</u>[함:쑤]는 너무 어려웠다.
③ 설거지를 하다가 실수로 <u>유리잔</u>[유리짠]을 떨어뜨렸다.
④ 망한 사업을 다시 일으키려고 <u>안간힘</u>[안깐힘]을 썼다.

05 다음 중 문장의 구성이 <u>다른</u> 하나는?

① 물이 너무 맑으면 고기가 모이지 않는다.
② 비가 올지라도 내일 행사는 예정대로 진행합니다.
③ 나는 눈이 좋지만 동생은 눈이 나쁘다.
④ 은영이는 치과에서 우연히 고등학교 동창을 만났다.

06 다음 중 로마자 표기가 적절하지 <u>않은</u> 것은?

① Yeongju Buseoksa(영주 부석사)
② Uljju Bangudae(울주 반구대)
③ Buyeo Gungnamji(부여 궁남지)
④ Gyeongju Cheonmachong(경주 천마총)

화약은 폭발성 화합물로, 폭발에 필요한 산소와 연료를 함께 가지고 있는 화학 혼합물이다. 기본적으로, 화약은 연료, 산화제, 그리고 감도제라는 세 가지 주요 구성 요소로 이루어져 있다.

첫째로, 연료는 화약의 연소 과정에서 에너지를 생성하는 주된 원인이다. 대표적인 화약 연료로는 탄화물(예: 숯)이 사용된다. 연료는 연소 반응에서 화약이 필요한 열과 가스를 생성하는 역할을 한다.

둘째로, 산화제는 연료와 반응하여 연소 반응을 촉진하는 역할을 한다. 일반적으로 산화제는 공기 중의 산소를 제공하며, 화약에 포함된 화학물질로 구성된다. 산화제는 연료의 연소를 촉진하고 반응 열을 높이는 역할을 수행한다.

마지막으로, 감도제는 화약의 민감성과 폭발성을 제어하는 역할을 한다. 감도제는 화약을 충격, 온도, 또는 화염과 같은 자극에 민감하게 반응시키는 역할을 한다. 이러한 감도제는 화약이 특정한 조건에서만 폭발하도록 하고, 예기치 않은 화재 또는 폭발을 방지하는 역할을 한다.

화약의 작동 원리는 일련의 복잡한 화학 반응으로 이루어진다. 충격이나 열에 의해 감도제가 활성화되면, 화약의 산화제와 연료가 반응을 시작한다. 이 반응에서 생성된 가스는 폭발적으로 확장되며, 폭발파의 압력과 열을 생성한다. 이 폭발적인 에너지는 화약이 사용되는 다양한 분야에서 폭발, 발사, 혹은 기타 작업에 활용된다.

화약은 군사 작전, 폭발물, 미사일, 로켓 등 다양한 분야에서 사용된다. 그러므로 안전에 대한 중요성이 더욱 강조되어야 한다. 화약을 사용할 때에는 안전한 처리는 물론 정확한 사용 절차가 요구되며, 불필요한 위험을 피하기 위해 반드시 전문가의 지침을 따라야 한다.

① 화약은 연료, 산화제, 감도제로 이루어져 있으며 대표적인 화약 연료로는 탄화물이 있다.

② 산화제는 연료와 반응하여 연료의 연소를 촉진하고 반응 열을 높인다.

③ 감도제는 화약이 자극에 민감하게 반응하게끔 하는 역할을 하며, 화약이 특정한 조건에서만 폭발하여 예기치 않은 화재나 폭발을 방지하게 한다.

④ 화약의 작동 원리는 산화제와 연료가 반응하면 감도제가 활성화되면서 반응을 시작하고 이를 통해 생성된 가스가 폭발파의 압력과 열을 생성하는 것이다.

스트리밍 서비스는 인터넷을 통해 동영상, 음악, 라디오 등 다양한 멀티미디어 콘텐츠를 실시간으로 제공하는 서비스를 말한다. 사용자는 인터넷에 연결된 기기를 통해 해당 서비스에 접속하여 원하는 콘텐츠를 스트리밍(실시간 재생)할 수 있다.

스트리밍 서비스는 과거에 비해 많은 변화를 겪었는데, 예전에는 콘텐츠를 다운로드하여 시청하거나 음악을 구매해야 했지만, 스트리밍 서비스의 등장으로 인터넷에 연결된 기기만 있으면 실시간으로 즉시 콘텐츠에 접근할 수 있게 되었다. 이는 많은 이용자들에게 편의성과 다양성을 제공하고, 문화 콘텐츠의 접근성을 높여주는 장점을 갖고 있다.

스트리밍 서비스는 구독자들에게 수많은 영화, TV 프로그램, 음악, 팟캐스트 등 다양한 콘텐츠를 제공하고 있으며, 이러한 서비스는 개인화된 추천 알고리즘을 통해 사용자의 관심사와 선호도를 파악하여 맞춤형 콘텐츠를 제공하고, 여러 사용자가 동시에 서비스를 이용할 수 있도록 다양한 장치와 플랫폼에서 이용 가능하다.

스트리밍 서비스는 저작권 보호와 수익 창출을 위해 구독 요금이나 광고 수익을 활용하는 방식을 채택하고 있다. 사용자는 구독 비용을 지불하고 해당 서비스의 콘텐츠에 접근할 수 있으며, 이를 통해 서비스 제공업체는 원작자와 제작자에게 수익을 돌려줄 수 있는 것이다.

스트리밍 서비스의 대중화로 인해 전통적인 방송, 음반 산업과의 경쟁이 가속화되고 있으며 또한, 원작자와 소비자 간의 직접적인 연결이 강조되고, 지리적인 제한을 넘어 다양한 문화 콘텐츠에 대한 접근성이 확장되고 있다. 그러나 콘텐츠의 과잉 생산, 저작권 침해, 데이터 사용량 등의 이슈도 동반하고 있어, 적절한 관리와 규제가 필요하다.

스트리밍 서비스는 현재와 앞으로의 미디어 엔터테인먼트 산업에 큰 영향을 주고 있으며, 사용자들에게 편리하고 다양한 콘텐츠를 제공하는 새로운 형태의 미디어 소비 방식을 형성하고 있다.

① 스트리밍 서비스의 특징과 그것이 가져온 변화

② 저작권을 위협하는 스트리밍 서비스

③ 콘텐츠 산업의 발전을 위한 스트리밍 서비스 기업의 노력

④ 스트리밍 서비스의 대중화와 기존 서비스의 몰락

09 ㉠과 표현 방식이 가장 유사한 것은?

이렇게 말하자면 결국 어젯밤 뭉태네 집에 마슬 간 것이 썩 나빴다. 낮에 구장님 앞에서 장인님과 내가 싸운 것을 어떻게 알았는지 대구 빈정거리는 것이 아닌가.

"그래 맞구두 그걸 가만둬?"

"그럼 어떡하니?"

"임마, 봉필일 모판에다 거꾸로 박아 놓지 뭘 어떡해?"

하고 괜히 내 대신 화를 내 가지고 주먹질을 하다 등잔까지 쳤다. 놈이 본시 괄괄은 하지만 그래 놓고 날더러 석유값을 물라구 막 찌다우를 붙는다. 난 어안이 벙벙해서 잠자코 앉았으니까 저만 연신 지꺼리는 소리가

"밤낮 일만 해 주구 있을 테냐?"

"영득이는 일 년을 살구도 장갈 들었는데 넌 사 년이나 살구두 더 살아야 해?"

"네가 세 번째 사윈 줄이나 아니, 세 번째 사위."

"남의 일이라두 분하다, 이 자식아. 우물에 가 빠져 죽어."

나중에는 겨우 손톱으로 목을 따라구까지 하고, 제 아들같이 함부로 혹닥이었다. 별의별 소리를 다 해서 그대로 옮길 수는 없으나 그 줄거리는 이렇다……

우리 장인님의 딸이 셋이 있는데 맏딸은 재작년 가을에 시집을 갔다. 정말은 시집을 간 것이 아니라 그 딸도 데릴사위를 해 가지고 있다가 내보냈다. 그런데 딸이 열 살 때부터 열아홉, 즉 십 년 동안에 데릴사위를 갈아들이기를, 동리에선 ㉠ 사위 부자라고 이름이 났지마는 열네 놈이란 참 너무 많다. 장인님이 아들은 없고 딸만 있는 고로 그담 딸을 데릴사위를 해 올 때까지는 부려 먹지 않으면 안 된다. 물론 머슴을 두면 좋지만 그건 돈이 드니까, 일 잘하는 놈을 고르느라고 연방 바꿔 들였다. 또 한 편, 놈들이 욕만 줄창 퍼붓고 심히도 부려 먹으니까 뱀이 상해서 달아나기도 했겠지. 점순이는 둘째 딸인데, 내가 일테면 그 세 번째 데릴사위로 들어온 셈이다. 내 담으로 네 번째 놈이 들어올 것을 내가 일도 참 잘하구 그리고 사람이 좀 어수룩하니까 장인님이 잔뜩 붙들고 놓질 않는다. 셋째 딸이 인제 여섯 살, 적어두 열 살은 돼야 데릴사위를 할 터이므로 그동안은 죽도록 부려 먹어야 된다. 그러니 인제는 속 좀 채리고 장가를 들여 달라구 떼를 쓰고 나자빠져라 이것이다.

— 김유정, '봄봄'

① 이 비 그치면 / 내 마음 강나루 긴 언덕에 / 서러운 풀빛이 짙어 오것다.

② 나머지 길고 지루한 날들 열려 있어 / 이 황홀한 재앙의 시간도 / 차츰 잊으리

③ 문 한 번 열지 않고 / 반추 동물처럼 죽음만 꺼내 씹었다. / 나는 누워서 편히 지냈다. / 사랑하는 사람을 잃어버린 / 이 겨울.

④ 별 하나에 추억과 / 별 하나에 사랑과 / 별 하나에 쓸쓸함과 / 별 하나에 동경과 / 별 하나에 시와 / 별 하나에 어머니, 어머니.

10 다음 글과 일치하는 내용은?

> 팩션은 한 줄의 역사적 사실을 중심으로 가상의 이야기를 만드는 것을 뜻한다. 팩션은 연극이나 영화, 드라마, 소설 등의 창작 방식으로 최근 각광을 받고 있다. 팩션을 제대로 이해하고 받아들이려면 등장 배경을 먼저 살펴봐야 한다. 1960년대 미국의 문단에 등장한 팩션은 당시의 불안정한 시대상과 문학의 위기 등을 탈출하기 위한 돌파구로서 제시되었다. 창작된 이야기보다 실제 사회적 흐름이 더 급박하게 돌아갔기 때문에, 작가들은 사회를 반영하기 위해서 논픽션과 다큐멘터리 등을 통해 텍스트의 현실성을 강조하는 저널리즘의 경향을 작품에 부각시키게 된 것이다.
>
> 팩션은 실재를 바탕에 둔 허구의 이야기이지만 '있음 직한'에 대한 비중이 크다. 소비자들은 팩션이 고정된 기존 인식에 대한 유연성과 새로운 가능성을 제시하기를 기대하는 것이다. 예를 들어 종교나 역사적 비밀을 다룬 팩션들이 세계적으로 유행하는 이유를 살펴보면, 이 이야기들이 종교적 도그마나 기성 권위를 비판하기보다는 현실의 숨은 맥락을 찾는 데 주안점을 두고 있다는 것이 핵심이다. 그런 점에서 팩션에 대한 역사적 진위 여부를 문제 삼는 것은 다른 차원의 문제라고 본다. 역사적 사실 기록과 본질이 늘 일치되는 것만은 아니기 때문이다.

① 팩션은 미국 학생들의 역사 공부를 위해 탄생한 장르이다.
② 팩션이 담고 있는 허구의 이야기들은 비판의 대상이 된다.
③ 팩션의 역사적 진위 여부를 문제 삼는 것은 당연한 일이다.
④ 팩션은 최근 연극이나 영화 등의 창작 방식으로 각광을 받는다.

바로 채점하기

정답·해설 _약점 보완 해설집 p.37

01	④	02	④	03	④	04	③	05	④
06	②	07	④	08	①	09	③	10	④

✔ 헷갈리기 쉬운 어휘 Check

다음 중 올바른 어휘에 동그라미표 치시오.

01 썩은 (동앗줄, 동아줄)이 턱턱 끊어진다.

02 (돼지 껍데기, 돼지 껍질) 먹으러 갈까? 부드럽고 맛있거든.

03 우유 속에 (멍우리, 멍울)이/가 적잖게 들어 있다.

04 (멸치, 메루치)는 성격이 급해서 빨리 죽는 생선 중 하나다.

05 학교에서 (봉선화, 봉숭아, 봉숭화) 물들이기가 유행이다.

06 그따위 (부스럭지, 부스러기)나 먹자고 한 짓은 아냐.

07 입맛 없는 여름철에 (석박지, 섞박지)는 별미지.

08 정수는 아침 일찍 (선짓국, 선지국)을 사러 나갔다.

09 아무 데나 (어중띠게, 어중되게) 내걸지 마라.

10 학교 앞을 지나다가 은사님 생각이 (언뜻, 펀뜻) 들었다.

정답 | 01 동아줄　06 부스러기
　　 02 돼지 껍질　07 섞박지
　　 03 멍울　08 선짓국
　　 04 멸치　09 어중되게
　　 05 봉선화, 봉숭아　10 언뜻

01 다음 중 발음이 적절하지 <u>않은</u> 것은?

① 오늘 학교에 가다 넘겨져서 <u>무릎을</u>[무르블] 다쳤다.

② 집을 구할 때 가장 중요시 한 곳은 <u>부엌이다</u>[부어키다].

③ 그의 사무실은 넓고[널꼬] 깨끗하다.

④ <u>불법을</u>[불버블] 저지르는 것은 용납할 수 없다.

02 다음 문장에서 띄어쓰기가 적절하지 <u>않은</u> 것은?

① 밥은커녕 물도 못 마시고 나왔다.

② 그러나 저러나 어차피 벌어질 일이었다.

③ 그는 알은체하다가 망신을 당했다.

④ 너마저도 내 잘못이라고 말하다니.

03 다음 밑줄 친 표현 중 <u>잘못</u> 사용된 것은?

① <u>넓다란</u> 나무판자를 얻어 왔다.

② <u>해진</u> 신발을 버렸다.

③ 낙엽이 머리 위로 <u>오소소</u> 떨어졌다.

④ 건조한 흙이 손에서 <u>바스러졌다.</u>

04 문장 부호의 사용이 옳지 <u>않은</u> 것은?

① 날씨가 참 좋군.

② 아이들이 모두 학교[에, 로, 까지] 갔어요.

③ "나... 너에게... 할 말이 있어."

④ 그는 "여러분! '시작이 반이다.'라는 말의 뜻을 아시나요?"라고 질문하며 강연을 시작했다.

05 다음 중 밑줄 친 단어의 품사가 <u>다른</u> 하나는?

① 할머니 댁은 생각보다 <u>먼</u> 곳이었다.
② 여기는 네가 <u>있을</u> 만한 곳이 아니 돌아가라.
③ 어머니는 종종 <u>젊은</u> 시절로 돌아가고 싶다고 하셨다.
④ 이 골목길은 <u>좁아서</u> 지나다니기 힘들다.

06 다음 중 외래어 표기가 모두 <u>틀린</u> 것은?

① 액셀러레이터, 플루트, 셸, 모차렐라
② 페럴렐, 알카리, 엔돌핀, 카모플라주
③ 크레이프, 프런트, 스낵, 카망베르
④ 바게트, 드리프트, 로열, 스프링클러

07 다음 글의 주제로 적절한 것은?

재정정책과 통화정책은 경제를 안정화하고 성장을 촉진하기 위해 정부와 중앙은행이 사용하는 두 가지 주요 정책 도구이다. 그러나 둘은 서로 다른 방식과 목표를 가지고 있다.

재정정책은 정부가 수입과 지출을 통제하여 경제에 영향을 주는 정책이다. 주요 목표는 경제 성장을 촉진하고 일자리를 창출하는 것으로, 재정정책은 주로 정부 예산, 세금 조정, 공공 지출 및 정부의 소비와 투자 결정에 초점을 맞춘다. 예를 들어 정부는 경기 활성화를 위해 지출 증가, 세금 인하 또는 재정 지원을 통해 소비와 투자를 촉진할 수 있고, 경기 침체를 극복하기 위해 지출을 늘리고 세금을 낮추어 소비와 투자를 촉진하는 확장적 재정정책을 시행할 수도 있다.

반면, 통화정책은 중앙은행이 통화 공급량과 금리를 조절하여 경제에 영향을 주는 정책이다. 주요 목표는 물가 안정과 금융 시스템의 안정을 유지하는 것으로, 통화정책은 주로 중앙은행의 금리 조정, 환율 정책, 예금 준비율 조정 등을 통해 경제를 조절한다. 중앙은행은 통화를 인쇄하거나 인출하여 통화 공급량을 조절하고, 기준금리를 조정하여 돈을 빌리는 비용을 제어한다. 이를 통해 인플레이션을 억제하거나 경기부양을 위해 금리를 낮추어 경제를 지원할 수 있다.

재정정책과 통화정책은 서로 보완적인 역할을 한다. 재정정책은 직접적으로 정부 지출과 세금 조정을 통해 경제에 영향을 미치지만 다소 시간이 걸린다. 반면, 통화정책은 금리 조정과 통화 공급량 조절을 통해 빠르게 경제에 영향을 줄 수 있다. 정부와 중앙은행은 이러한 정책 도구를 조합하여 경제를 안정화하고 성장을 촉진하기 위해 협력한다.

요약하자면, 재정정책은 정부의 예산과 지출 조정을 통해 경제에 영향을 주고 경제 성장과 일자리 창출을 목표로 하는 반면, 통화정책은 중앙은행의 통화 공급량과 금리 조정을 통해 물가 안정과 금융 시스템의 안정을 유지하는 것을 목표로 한다. 이 두 정책은 경제의 안정과 성장을 위해 협력하여 사용되는 정책 도구이다.

① 재정정책과 통화정책의 차이점과 주요 목표
② 재정정책보다 통화정책에 주목해야 하는 이유
③ 통화정책이 재정정책보다 우선되는 이유
④ 인플레이션에 효과적인 재정정책과 디플레이션에 효과적인 통화정책

마라톤은 그리스와 페르시아 전쟁에서 그리스의 승전보를 전달하기 위해 달려간 필리피데스의 이야기에서 유래하였는데, 오늘날에는 공식적으로 42.195km(26.2마일)의 거리를 달리는 강인한 체력과 인내력을 요구하는 스포츠로 자리 잡았다.

마라톤은 체력과 지구력을 요구하기 때문에 참가자들은 훈련과 노력을 통해 신체를 단련시킨다. 일반적으로 마라톤을 준비하기 위해서는 장거리 달리기 훈련, 체력 강화를 위한 유산소 운동, 근력 훈련 등이 필요하다. 경주 당일에는 적절한 옷차림과 신발, 수분 보충과 식사 등을 고려하여 준비해야 한다.

마라톤 경기는 대회마다 다양한 루트와 조건을 가진다. 일부 경기는 도시의 거리를 따라 개최되며, 일부는 자연환경에서 진행되기도 한다. 참가자들은 경기 도중에 많은 도전과 어려움을 마주하게 되는데, 이는 마음의 강인함과 인내력을 시험하는 순간이다.

마라톤은 경쟁적인 대회로서 선수들은 최고의 기록을 세우기 위해 경쟁한다. 경주 중간에는 체력과 멘탈의 한계를 경험하며, 이를 극복하고 결승점을 향해 최선을 다하는 것이 목표이다. 또한, 대회에 참가하는 사람들에게는 개인적인 목표 달성, 건강 증진, 사회적 참여 등 다양한 동기와 가치가 있을 수 있다.

마라톤은 또한 건강과 운동의 중요성을 강조하는 운동으로 인기를 끌고 있다. 많은 사람들이 마라톤을 통해 건강한 생활을 유지하고 목표를 이루며 성취감을 느낄 수 있다. 그뿐만 아니라, 사회적인 이벤트로서 도시의 관광 산업을 활성화시키고 지역 사회에 긍정적인 영향을 미칠 수도 있다. 마라톤은 개인의 도전과 목표 달성, 건강과 운동의 중요성을 상징하는 훌륭한 경기로서 많은 사람들에게 사랑받고 있으며, 전 세계적으로 다양한 마라톤 대회가 개최되고 있다.

① 마라톤은 필리피데스가 마라톤에서 아테네까지 달려 승전보를 전달한 이야기에서 유래했다.
② 마라톤은 체력과 지구력을 요하므로 유산소 훈련과 근력 훈련 등을 통해 대비해야 한다.
③ 마라톤 선수의 목표는 최고의 기록을 세우는 것이지만, 참가자들은 선수들과 달리 다양한 목표를 가지고 참여하기도 한다.
④ 마라톤은 건강과 운동의 중요성을 강조하는 운동이지만, 그 난이도로 인해 비교적 인기가 없는 편이다.

리처드 파인만(Richard Feynman, 1918-1988)은 20세기를 대표하는 미국의 이론물리학자로, 그는 문제에 대한 창의적인 접근과 유머러스한 성격으로 널리 알려져 있습니다. 파인만은 양자 전자학과 양자 전자기학 분야에서의 혁신적인 기여로 노벨 물리학상을 비롯한 다수의 과학상을 수상하였으며, 이론물리학의 발전에 큰 영향을 미쳤습니다.

파인만은 단순하면서도 깊은 이해력을 가지고 있으며, 복잡한 물리 현상을 직관적이고 직접적인 방식으로 접근하였습니다. 그는 "이론을 정확히 이해하지 못하면 가르쳐 줄 수 없다"라는 철학을 가지고 있었고, 이를 통해 복잡한 이론을 실생활에서의 비유와 예시로 설명하여 많은 사람들에게 과학을 흥미롭게 전달했습니다. 그의 강의와 강연은 많은 학생들과 일반인들에게 큰 영감을 주었으며, 과학 커뮤니티에서 열광적인 팬들을 얻었습니다.

파인만의 가장 유명한 업적 중 하나는 양자 전자학 분야에서의 경로 적분 이론의 개발입니다. 이는 양자역학에서 입자의 경로를 확률적으로 모델링하는 방법으로, 경로 적분 이론은 후에 양자전자기학과 양자 전자학 분야에서 중요한 역할을 하게 되었습니다. 이러한 업적으로 파인만은 1965년에 줄리언 슈윙거, 신이치로와 공동으로 노벨 물리학상을 수상하였습니다.

파인만은 또한 일반 대중에게도 알려진 인물로, 그의 자서전인 "파인만 자서전"은 많은 사람들에게 과학자의 생활과 열정을 알리는데 큰 역할을 하였습니다. 그는 학문적인 업적에 더해 날카로운 유머와 재치로 가득 찬 이야기를 풀어놓아, 이론물리학을 이해하기 어려웠던 사람들에게도 친근하고 흥미로운 존재로 다가갈 수 있도록 했습니다.

리처드 파인만은 그의 창의성과 유머로 가득한 성격, 그리고 직관적이고 직접적인 접근 방식으로 많은 사람들에게 과학의 아름다움을 전달하였습니다. 그의 영향은 현재까지도 이론물리학과 과학 교육 분야에서 큰 의미를 가지고 있으며, 파인만은 과학자로서의 위상뿐만 아니라 인간적인 면에서도 많은 사람들에게 영감과 감명을 주는 인물입니다.

① 노벨 물리학상을 받은 리처드 파인만의 생애
② 양자 전자학의 경로 적분 이론
③ 이론 물리학자 리처드 파인만의 업적과 대중성
④ 이론 물리학이 대중에게 알려진 계기

10 ㉠에 들어갈 수 있는 한자 성어는?

> 이때 원수 금산성에서 적군 십만 명을 한칼에 무찌른 후, 곧바로 호산대에 진을 치고 있는 적의 청병을 씨 없이 함몰하려고 달려갔다. 그런데 뜻밖에 월색이 희미해지더니 난데없는 빗방울이 원수 면상에 떨어졌다. 원수 괴이해 말을 잠깐 멈추고 천기를 살펴보니, 도성에 살기 가득하고 천자의 자미성이 떨어져 변수 가에 비쳐 있었다. 원수 대경해 발을 구르며 왈, / "이게 웬 변이냐."
>
> 하고 산호편을 높이 들어 채찍질을 하면서 천사마에게 정색을 하고 이르기를,
>
> "천사마야, 네 용맹 두었다가 이런 때에 아니 쓰고 어디 쓰리오. 지금 천자께서 도적에게 잡혀 (㉠)이라. 순식간에 득달해 천자를 구원하라."
>
> 하니, 천사마는 본래 천상에서 내려온 비룡이라. 채찍질을 아니 하고 제 가는 대로 두어도 비룡의 조화를 부려 순식간에 몇 천 리를 갈 줄 모르는데, 하물며 제 임자가 정색을 하고 말하고 또 산호채로 채찍질하니 어찌 아니 급히 갈까. 눈 한 번 꿈쩍하는 사이에 황성 밖을 얼른 지나 변수 가에 다다랐다.
>
> 이때 천자는 백사장에 엎어져 있고 한담이 칼을 들고 천자를 치려 했다.
>
> – 작자 미상, '유충렬전'

① 明鏡止水   ② 頭重脚輕
③ 旁岐曲徑   ④ 命在頃刻

바로 채점하기   정답·해설 _약점 보완 해설집 p.39

01	①	02	②	03	①	04	②	05	②
06	②	07	①	08	④	09	③	10	④

✔ 헷갈리기 쉬운 어휘 Check

다음 중 올바른 어휘에 동그라미표 치시오.

01 (돼먹지, 되먹지) 못한 사람 같으니라고.

02 화가 난다고 그걸 그대로 (되갚음, 대갚음)하면 되겠느냐.

03 이 공간을 (메워서, 매워서) 작업하자.

04 자꾸만 속이 (메슥거리는구나, 메식거리는구나).

05 맥주 안주로는 (부각, 다시마자반)이 최고지.

06 정월 대보름에 (부럼, 부스럼)을 까먹자.

07 오늘 부모님께 사귀는 사람을 (선뵈기로, 선봬기로) 하였다.

08 피아노의 부드러운 (선률, 선율)이 방 안을 가득 채웠다.

09 (어거지, 억지) 좀 부리지 마라.

10 (어그적그리며, 어기적거리며) 걷는 저 꼴 좀 봐.

정답 | 01 돼먹지   06 부럼
       02 대갚음   07 선뵈기로
       03 메워서   08 선율
       04 메슥거리는구나 09 억지
       05 부각   10 어기적거리며

01 다음 밑줄 친 부분의 표준 발음으로 적절하지 <u>않은</u> 것은?

> ⓐ 갯벌에는 다양한 생물이 산다. → [개뻘]
> ⓑ 이러다간 죽도 밥도 안 된다. → [죽또밥또]
> ⓒ 날이 추워서 손끝이 시리다. → [손끄티]
> ⓓ 더 이상 어찌할 바를 몰랐다. → [어찌할빠를]

① ⓐ
② ⓑ
③ ⓒ
④ ⓓ

02 외래어 표기가 모두 옳은 것은?

① 록그룹, 슈트, 숏
② 미디어, 카운슬러, 알콜
③ 레이다, 선텐, 샬레
④ 팔레트, 페가서스, 화운데이션

03 밑줄 친 한자 성어가 문맥상 적절하지 <u>않은</u> 것은?

① 응급 환자가 발생하여 <u>焦眉之急</u>의 상황에 처했다.
② 아이들은 문화재에 흥미가 없는지 <u>走馬看山</u>의 태도로 구경했다.
③ 우리 팀은 이번에 <u>猫項懸鈴</u>의 자세로 노력해서 신제품을 개발했다.
④ 그는 <u>四顧無親</u>의 처지라 어렵게 살았으나 끊임없이 노력하여 크게 성공했다.

04 <보기>의 ㉠ ~ ㉣을 이해한 것으로 적절하지 <u>않은</u> 것은?

> ┤ 보기 ├
> 　관형절은 안은문장에서 관형어로 쓰인다. 관형절은 관형절에서 생략된 성분이 있으면 관계 관형절, 생략된 성분이 없으면 동격 관형절로 나눈다. 관계 관형절에는 주어가 생략된 관형절, 목적어가 생략된 관형절, 부사어가 생략된 관형절 등이 있다.
> ㉠ 나는 친구가 먹을 포도를 씻었다.
> ㉡ 그가 사는 집은 너무나도 아름답다.
> ㉢ 엄마는 누나가 여행을 간 사실을 몰랐다.
> ㉣ 나는 아버지께서 주신 빵을 누나와 함께 먹었다.

① ㉠의 관형절은 목적어가 생략되었다.
② ㉡의 관형절은 부사어가 생략되었다.
③ ㉢의 관형절은 생략된 성분이 없다.
④ ㉣의 관형절은 주어가 생략되었다.

05 밑줄 친 단어 중 품사가 <u>다른</u> 것은?

① <u>가급적</u> 빨리 이사를 하자꾸나.
② 그 배우는 이번 작품으로 <u>대중적</u> 명성을 얻었다.
③ 나는 학생의 수준에 맞게 <u>순차적</u> 학습을 진행했다.
④ <u>보편적</u> 사고는 우리를 틀 안에 가둘 수도 있다.

06 다음 중 띄어쓰기를 포함하여 어문 규정에 맞게 표기된 것은?

① 객적은 수작은 집어 치워라.
② 네가 뜻한바를 드디어 알았다.
③ 우리 동네에서 가장 오래된 나무는 당산나무일 껄.
④ 우리 가족은 넉넉지 않은 사정에도 화목하게 살았다.

07 다음 글의 등장인물에 대한 설명으로 적절하지 <u>않은</u> 것은?

> 하루는 대군이 서궁의 수헌에 앉아 계시다가 왜철쭉이 활짝 핀 것을 보고, 시녀들에게 각기 오언절구(五言絕句)를 지어서 바치라고 명령했습니다. 시녀들이 지어서 올리자, 대군이 크게 칭찬하여 말했습니다.
>
> "너희들의 글이 날마다 점점 나아지고 있어서 매우 기쁘다. 다만 운영의 시에는 님을 그리워하는 마음이 나타나 있다. 지난번 부연시(賦煙詩)에서도 그러한 마음이 희미하게 엿보였는데 지금 또 이러하니, 네가 따르고자 하는 사람이 어떤 사람이냐? 김생의 상량문에도 말이 의심스러운 데가 있었는데, 네가 생각하는 사람이 김생 아니냐?"
>
> 저는 즉시 뜰로 내려가 머리를 조아리고 울면서 말했습니다.
>
> "지난번 주군께 처음 의심을 사게 되자마자 저는 스스로 목숨을 끊으려고 했습니다. 그러나 제 나이가 아직 20도 되지 않은데다가 다시 부모님도 뵙지 못하고 죽는 것이 매우 원통한지라, 목숨을 아껴 여기까지 이르렀습니다. 그런데 또 의심을 받게 되었으니, 한 번 죽는 것이 무엇이 아깝겠습니까? 천지의 귀신들이 죽 늘어서 밝게 비추고 시녀 다섯 사람이 한순간도 떨어지지 않고 함께 있었는데, 더러운 이름이 유독 저에게만 돌아오니 사는 것이 죽는 것보다 못합니다. 제가 이제야 죽을 곳을 얻었습니다."
>
> 저는 즉시 비단 수건을 난간에 매어 놓고 스스로 목을 매었습니다. 이때 자란이 말했습니다.
>
> "주군께서 이처럼 영명(英明)하시면서 죄 없는 시녀로 하여금 스스로 사지(死地)로 나가게 하시니, 지금부터 저희들은 맹세코 붓을 들어 글을 쓰지 않겠습니다."
>
> 대군은 비록 화가 많이 났지만, 마음속으로는 진실로 제가 죽는 것은 바라지 않았습니다. 그래서 자란으로 하여금 저를 구하여 죽지 못하게 했습니다. 〈중략〉
>
> 그날 밤 진사가 들어왔는데, 저는 병으로 일어날 수가 없어서 자란에게 진사를 맞아들이게 했습니다. 술이 석 잔 정도 돌아간 후에 제가 봉한 편지를 드리면서 말했습니다.
>
> "이후부터는 다시 뵐 수 없으니, 삼생(三生)의 인연과 백 년의 약속이 오늘 저녁에 모두 끝났습니다. 만약 하늘이 정해 준 인연이 아직 끊어지지 않았다면 마땅히 저승에서나 서로 만나 볼 수 있을 것입니다."
>
> 대군은 서궁의 시녀 다섯 사람을 붙잡아 뜰 가운데 세우고, 눈앞에 형장(刑杖)을 엄히 갖춘 다음 명령을 내려 말했습니다. / "이 다섯 사람을 죽여서 다른 사람들을 경계하라."
>
> 대군은 또 곤장을 잡은 사람에게 지시하여 말했습니다.
>
> "곤장 수를 헤아리지 말고 죽을 때까지 때려라." / 이에 우리 다섯 사람이 말했습니다.
>
> "한마디 말만 하고 죽기를 원합니다." / 대군이 말했습니다.
>
> "무슨 말이든지 그간의 사정을 다 털어놓도록 해라."
>
> 은섬이 말했습니다.
>
> "남녀의 정욕은 음양의 이치에서 나온 것으로, 귀하고 천한 것의 구별이 없이 사람이라면 모두 다 갖고 있는 것입니다. 그런데 저희는 한 번 깊은 궁궐에 갇힌 이후 그림자를 벗하며 외롭게 지내 왔습니다. 그래서 꽃을 보면 눈물이 앞을 가리고, 달을 대하면 넋이 사라지는 듯하였습니다. 저희들이 매화 열매를 꾀꼬리에게 던져 쌍쌍이 날지 못하게 하고, 주렴으로 막을 쳐서 제비 두 마리가 같은 둥지에 깃들지 못하게 하는 것도 다름이 아닙니다. 저희 스스로 쌍쌍이 노니는 꾀꼬리와 제비를 부러워하고 질투하는 마음을 견딜 수 없었기 때문입니다. 한 번 궁궐의 담을 넘으면 인간 세상의 즐거움을 알 수 있습니다. 그럼에도 저희가 궁궐의 담을 넘지 않는 것은 어찌 힘이 부족하며 마음이 차마 하지 못해서 그러하겠습니까? 저희들이 이 궁중에서 꾀할 수 있는 일은 오로지 주군의 위엄이 두려워 이 마음을 굳게 지키다가 말라죽는 길뿐입니다. 그런데도 주군께서는 이제 죄 없는 저희들을 사지(死地)로 보내려 하시니, 저희들은 황천(黃泉) 아래서 죽더라도 눈을 감지 못할 것입니다."
>
> – 작자 미상, '운영전'

① 대군은 궁녀들을 아끼지만 법도를 어긴 것을 알았을 때 이들을 죽이려 할 정도로 원칙을 중요하게 여기는 인물이다.

② 운영은 대군에게 김 진사와의 관계가 들키자 이를 인정하고 죽음으로 갚고자 하였다.

③ 자란은 대군에게 다시는 글을 짓지 않겠다고 말하며 운영을 살리려고 하였다.

④ 은섬은 자신들이 꾀꼬리와 제비에게 했던 행동의 원인이 부러움과 질투 때문이라고 말하고 있다.

1차 전지와 2차 전지는 모두 전기 에너지를 저장하고 공급하는 장치로 사용되지만, 그 동작 원리와 재충전 가능성 등에서 중요한 차이가 있다.

1차 전지는 일회용 전지로도 알려져 있는데, 이는 사용 후에는 재충전이 불가능하며, 전지 내부의 화학 반응이 한 번 진행되면 전지의 활성 물질이 소진되어 전기 에너지를 공급할 수 없게 된다. 일반적으로 아르카이브 전지, 알카리 전지 등이 1차 전지에 속한다. 1차 전지는 단순하고 안전한 사용을 위해 설계되어 있으며, 보조 전원이나 일회용 장치 등에 많이 사용된다. 또, 사용이 완료되면 폐기물로 처리되어야 하므로 환경적인 측면에서 고려해야 할 부분이 있다.

반면에 2차 전지는 충전 가능한 전지로서, 사용 후에 재충전이 가능하다. 2차 전지는 내부 화학 반응이 역으로 진행되어 전지의 활성 물질을 원래 상태로 되돌릴 수 있는 구조를 가지고 있다. 대표적으로 납-산화물 전지, 니켈-카드뮴 전지, 리튬 이온 전지 등이 2차 전지에 속한다. 2차 전지는 다시 충전하여 사용할 수 있으므로 장기적으로 보았을 때 더 경제적이다. 그러나 충전 과정에서 일정한 손실이 발생하며, 과충전이나 오버디스차지로 인한 손상을 방지하기 위해 관리가 필요하다.

또한, 2차 전지는 충전에 시간이 걸리는 반면, 1차 전지는 즉시 사용 가능한 장점이 있다. 2차 전지는 충전을 위한 특수한 충전기가 필요하며, 충전 시간과 전압 등을 적절히 관리해야 한다.

요약하자면, 1차 전지는 일회용으로 사용되며, 재충전이 불가능한 반면, 2차 전지는 충전이 가능하고 재사용이 가능하다. 2차 전지는 초기 투자 비용이 크지만 장기적으로는 경제적으로 유리하다. 따라서 사용 목적과 환경 요건에 따라 1차 전지와 2차 전지를 선택하는 것이 중요하다.

① 1차 전지는 일회용 전지로, 사용 후 재충전이 불가능하여 사용 후에는 폐기물로 처리된다.

② 2차 전지는 충전 가능한 전지로 사용 후 재충전이 가능하지만 충전 과정에서 손실이 발생할 수 있다.

③ 2차 전지는 충전에 시간이 걸리지만 특수한 충전기만 있다면 충전 시간과 전압을 관리하지 않아도 된다.

④ 1차 전지에 비해 2차 전지는 초기 투자 비용이 크지만 장기적으로는 경제적으로 이점이 있다.

비행기의 역사는 인류가 날기에 대한 꿈과 도전을 가지고 왔던 고대 시기부터 현대 고속 여객기의 등장까지의 오랜 기간에 걸친 발전 과정을 포함한다.

인류는 오랜 기간 동안 새를 모방하여 비행을 시도해 왔으나, 실제로 비행을 성공시키기에는 많은 과학적, 기술적 도전과 연구가 필요했다. 19세기 후반, 라이트 형제인 윌버와 오르빌 라이트는 기체의 제어와 비행을 연구하기 위한 시험을 진행하였는데 그 결과, 1903년 12월 17일에 라이트 형제의 원동력 비행기 '플라이어'로 역사상 첫 번째 동력 비행을 성공시킴으로써 현대 비행기의 탄생을 알리게 되었다.

비행기의 발전은 이후 급속도로 진행되어 20세기 초, 여러 기술적 혁신과 시험을 거쳐 비행기의 성능이 향상되었다. 제트 엔진의 도입으로 속도와 비행 시간이 크게 증가하였고, 대형 여객기의 등장으로 국제 여행이 보편화되었다. 특히 제2차 세계대전 이후, 항공 기술은 군사와 민간 분야에서 큰 발전을 이루었다. 제트기, 초음속 비행기 등의 혁신적인 기술이 도입되었으며, 공항 인프라와 항공 운송 시스템도 강화되었다.

현재의 비행기는 안전성, 속도, 효율성 등의 측면에서 지속적인 발전을 이루고 있다. 더 나은 재료, 연료 절약 기술, 컴퓨터 제어 시스템 등이 도입되어 비행 안전성이 향상되고 환경친화적인 비행이 가능해졌다. 또한, 초고속 공중 운송수단인 초음속 비행기와 하이퍼루프 등의 혁신적인 기술 개발도 진행되고 있다.

비행기의 역사는 인류의 열정과 과학적 발전의 결합으로 이루어진 성과이며, 비행기의 발전은 우리가 현재 느끼는 세계의 연결과 교류, 경제성장과 문화 교류를 실현하는 데 큰 역할을 한 것으로 평가된다.

① 인류는 새를 모방하여 비행을 시도해 왔으며, 라이트 형제는 역사상 첫 번째 무동력 비행을 성공시켰다.

② 2차 세계대전 이후에는 제트기, 초음속 비행기 등 혁신적인 기술의 도입으로 항공 기술에 큰 발전이 이루어졌다.

③ 현재의 비행기는 안정성, 속도, 효율성 등의 측면에서 최대한의 발전이 이뤄진 상태로 혁신적인 기술 개발이 대부분 완료되었다.

④ 세계의 연결과 교류, 경제 성장과 문화 교류는 비행기의 발전에 큰 역할을 하였다.

10 다음 글의 내용과 일치하는 것은?

> 진보와 보수는 정치적, 사회적인 이념이나 사상의 대립 개념으로 사용되며, 주로 정치 분야에서 두 가지 다른 접근 방식을 나타낸다.
>
> 진보는 사회나 정치적인 변화를 주도하여 사회적 공정성과 진보적인 변화를 추구하는 이념을 나타낸다. 진보주의자들은 사회 불평등, 인권 문제, 환경 문제 등에 대한 개선과 사회 변혁을 중요하게 생각하며, 개인의 자유와 평등, 사회적 차별 해소 등을 목표로 삼는다. 진보주의자들은 종종 사회 복지 프로그램, 사회적 보장, 다문화주의, 성별 평등, 환경 보호 등의 정책을 지지하며, 개인의 권리와 자유를 강조하는 경향이 있다.
>
> 반면에 보수는 전통과 안정을 중시하며, 기존의 사회 구조와 가치를 유지하고 보호하는 것을 강조하는 이념이다. 보수주의자들은 사회적인 변화나 혁신에 대해 보다 비판적인 입장을 취하며, 기존의 가치와 제도를 유지하는 것을 선호한다. 보수주의자들은 보수적인 가치, 권위주의, 경제 자유, 전통적 가족 가치 등을 중시하며, 일반적으로 경제 자유, 개인의 책임 등을 강조하는 경향이 있다.
>
> 진보와 보수는 정치적, 사회적인 문제에 대한 다른 해석과 접근 방식을 나타내며, 이를 바탕으로 각자 다른 정책 방향성을 제시한다. 두 개념은 정치적인 논쟁과 당사자들 간의 정치적 갈등을 초래하기도 하며, 사회의 다양한 이슈와 문제에 대한 해결 방안에서 대립적인 입장을 보인다. 그러나 진보와 보수는 둘 다 사회 발전을 추구하고, 각자의 가치와 이념을 바탕으로 사회를 더 나은 방향으로 이끌고자 하는 목표를 가지고 있다.

① 보수주의자들은 사회 불평등, 인권 문제, 환경 문제 등에 대한 개성과 사회 변혁을 중요하게 생각한다.

② 진보주의자들은 사회적인 변화나 혁신에 대해 비판적인 입장을 취하며 기존 가치와 제도 유지를 선호한다.

③ 진보와 보수는 정치적, 사회적 문제에 대한 다른 해석과 접근 방식을 통해 같은 정책 방향성을 나타낸다.

④ 진보와 보수는 각자의 가치와 이념을 바탕으로 사회 발전이라는 공통된 목표를 이루고자 한다.

바로 채점하기   정답·해설 _약점 보완 해설집 p.41

01	③	02	①	03	③	04	④	05	①
06	④	07	②	08	③	09	②	10	④

다음 중 올바른 어휘에 동그라미표 치시오.

01 그는 몇 번이고 그 말을 (되뇌이곤, 되뇌곤) 했다.

02 (두더쥐, 두더지)같이 땅만 파고 산다.

03 (멥쌀, 메쌀)은 찰기가 없다.

04 이사 온 기념으로 이웃에게 (메찰떡, 매찰떡)을 돌려야겠다.

05 파도에 바위가 (부서졌다, 부숴졌다).

06 불합격 소식은 나의 기대를 (부서트렸다, 부셔트렸다).

07 명수의 (섣부른, 설부른) 행동이 일을 그르쳤다.

08 먹고 난 그릇은 (설겆이, 설거지)해 두어라.

09 지금도 눈에 (어린거리는, 어른거리는) 그녀의 모습

10 (어리버리, 어리바리)하게 있지 말고 생각을 해 봐.

정답 | 01 되뇌곤   06 부서트렸다
       02 두더지   07 섣부른
       03 멥쌀   08 설거지
       04 메찰떡   09 어른거리는
       05 부서졌다   10 어리바리

01 밑줄 친 단어의 품사가 잘못 연결된 것은?

① 방학 동안 책을 <u>세</u> 권 읽었다. – 관형사

② 시험이 <u>되게</u> 어려워서 점수가 낮다. – 형용사

③ 개강 첫날의 <u>설레는</u> 감정이 아직 생생하다. – 동사

④ 파란 하늘에 <u>하얀</u> 구름이 달려 있다. – 형용사

02 <보기>와 동일한 높임법이 사용된 문장은?

┌─────── 보기 ───────┐
엄마, 내일 할머니 모시고 병원에 가시나요?
└──────────────────┘

① 과장님, 몇 시까지 자료를 드리면 되겠습니까?

② 아버지께서 할아버지께 안경을 선물로 드리셨어요.

③ 학생 여러분, 교장 선생님의 말씀이 있으시겠습니다.

④ 제가 우리 강아지를 병원에 데려가야 해요.

03 다음 문장의 띄어쓰기가 옳지 않은 것은?

① 그는 한번 시작하면 끝장을 보는 성격이었다.

② 너 정말 춤 한번 잘 춘다.

③ 어머니는 한번 더 도전해 보라며 설득하였다.

④ 한번은 귀성하다 큰 사고가 날 뻔했다.

04 밑줄 친 조사나 어미의 용법이 틀린 것은?

① 그는 돕<u>기는커녕</u> 장난칠 생각만 하고 있는 듯했다.

② 아이들이 어찌나 떠드<u>는지</u> 수학 문제를 풀 수가 없었다.

③ 일어나 보니 그는 새벽<u>같이</u> 떠난 뒤였다.

④ 이곳에서는 별자리가 잘 보이<u>구나.</u>

05 다음 중 어휘의 뜻풀이로 바르지 <u>않은</u> 것은?

① 꽁생원: 마음이 너그럽지 못하고 소견이 좁은 사람을 놀림조로 이르는 말
② 사시랑이: 가늘고 약한 물건이나 사람
③ 을씨년스럽다: 보기에 살림이 매우 가난한 데가 있다.
④ 여우비: 볕이 있을 때 계속 내리는 눈과 비

06 ㉠~㉣에 대한 설명으로 적절하지 <u>않은</u> 것은?

> ㉠ 둘하 노피곰 도두샤
> 어긔야 머리곰 비취오시라
> ㉡ <u>어긔야 어강됴리</u>
> <u>아으 다롱디리</u>
> 져재 녀러신고요
> 어긔야 ㉢ <u>즌 딕를 드딕욜셰라</u>
> 어긔야 어강됴리
> 어느이다 노코시라
> ㉣ <u>어긔야 내 가논 딕 졈그룰셰라</u>
> 어긔야 어강됴리
> 아으 다롱디리
> – 어느 행상인의 아내, '정읍사'

① ㉠: 화자가 소원을 비는, 기원의 대상이다.
② ㉡: 이 구절과 여음 '어긔야'를 제외하면 시조의 형식과 유사하다.
③ ㉢: 남편이 행상으로 가 있는 시장을 의미한다.
④ ㉣: 이 부분은 화자가 아내일 수도, 남편일 수도 있다.

07 다음 밑줄 친 어휘와 같은 의미로 쓰인 것은?

> 세계 각국은 정치적인 <u>면</u>뿐만 아니라 경제적인 <u>면</u>에서도 서로 협력하고 있다.

① 그 사건은 신문 몇 <u>면</u>에 실렸니?
② 이 나이에 <u>면</u> 사납게 그걸 어떻게 하겠나.
③ 이 땅은 <u>면</u>이 고르지 않고 돌이 많이 박혀 있다.
④ 언니에게 그런 꼼꼼한 <u>면</u>이 있는 줄은 전혀 몰랐다.

08 다음 작품에 드러난 표현 방식으로 옳은 것은?

> 창 내고쟈 창을 내고쟈 이 내 가슴에 창 내고쟈
> 고모장지 세살장지 들장지 열장지 암돌져귀 수돌
> 져귀 비목걸새 크나큰 쟝도리로 뚝닥 바가 이 내 가
> 슴에 창 내고쟈
> 잇다감 하 답답홀 제면 여다져 볼가 ㅎ노라
> – 작자미상의 시조

① 고통에 시달리는 마음을 반어적으로 표현했다.
② 기발한 발상을 열거법을 사용해 표현했다.
③ 양반의 삶과 비교되는 자신의 삶을 비유적으로 표현했다.
④ 삶의 애환을 이겨내고자 하는 마음을 역설법으로 표현했다.

09 다음 글의 내용으로 옳지 <u>않은</u> 것은?

1989년 프랑스 파리 근교의 한 공립 중학교에서 전통적인 이슬람의 여성 복장 중 하나인 히잡(Hijab)을 수업 시간에도 벗지 않으려고 했던 여중생 세 명이 퇴학당했다. 이 사건은 20세기 초부터 프랑스에서 확고하게 정착되어 온 '교회와 국가의 분리' 원칙을 도마 위에 올려놓았다. 무슬림 여중생들은 가장 무거운 징계인 퇴학을 감수하면서까지 왜 히잡 착용을 고집했을까? 히잡은 이슬람 교리에 근거한 무슬림 여성들의 전통 의상으로 이슬람 경전인 코란에 따르면 남녀 모두 머리카락을 천으로 덮어야 한다. 특히 여성은 가족 이외의 사람들 앞에서 자신의 몸에 걸친 일체의 장신구도 보여줘서는 안 된다.

히잡 착용에 대한 의미는 시대적 상황과 지역적 특색에 따라 변화해왔다. 예컨대 제2차 세계대전 후 알제리의 독립 투쟁이 진행되는 동안 프랑스인들은 알제리 여성의 해방을 주장하면서 여성들이 히잡을 착용하지 않도록 온갖 노력을 기울였다. 알제리의 반식민주의자들은 이러한 행위야말로 알제리 민족의 정체성을 말살하고, 알제리 문화를 왜곡하며, 더 나아가 알제리인들의 잠재적 저항력까지 약화시킨다고 보았다. 서구 식민주의자들의 침공 이전까지 알제리인들은 히잡을 그저 이슬람의 전통 복장으로 인식하였으나, 반서구 투쟁 과정에서 알제리인들은 히잡에 새로운 상징적 의미를 부여하기 시작했다. 그 결과 알제리 여성이 히잡을 착용하지 않는 것은 프랑스 식민주의의 수용을 의미하는 반면, 히잡을 착용하는 것은 식민주의의 거부를 의미하게 되었다.

그런데 이 히잡 착용이 1989년 프랑스 사회에서 논란을 불러일으켰다. 무슬림 여성들이 프랑스 사회에 정착한 지는 꽤 오랜 시간이 흘렀다. 그럼에도 이들이 여전히 히잡을 착용하는 것은 프랑스 사회로의 통합에 소극적이며 나아가 프랑스 공화국의 원칙에 적대적인 것으로 프랑스인들에게 여겨지고 있다. 다른 사회 문제와 달리, 프랑스의 좌우파는 이 히잡 문제에 대해서만은 별다른 입장 차이를 보이지 않는다. 정치인 개인에 따라, 시기에 따라 입장이 나누어지긴 하지만, 대체로 이들은 공화국의 원칙을 위협하는 '히잡 쓴 소수의 소녀들'에게 공화국의 단호함을 보여주려고 노력한다. 이러한 결실이 바로 2004년 3월 15일에 제정된 '종교 상징물 착용 금지법'이다. 이 법은 공화국의 원칙을 천명하려는 의지의 한 소산이라고 할 수 있다.

① 히잡 착용은 단순히 종교적 의미에 그치지 않고 정치적인 문제로 발전하기도 한다.

② 프랑스의 중학교 과정에서 퇴학보다 무거운 징계는 없다.

③ 코란에 따르면 머리카락을 천으로 가리는 것이 여자는 의무 사항이지만 남자는 선택 사항이다.

④ 프랑스의 좌파는 우파와 마찬가지로 히잡 착용에 우호적이지 않은 편이다.

10 다음 글과 부합하지 <u>않는</u> 것은?

군주는 다음과 같이 토지제도를 개혁하고자 한다. 목민관은 여(閭)*를 편성하여 백성에게 토지를 공유하게 하고 공동으로 생산된 곡물을 가능한 한 균등하게 분배하도록 한다. 구체적 원칙은 다음과 같다. 첫째, 농사짓는 사람만이 토지를 점유한다. 둘째, 토지는 공유로 하고 사유 토지를 인정하지 않는다. 셋째, 토지의 경작은 공동으로 한다. 넷째, 생산된 곡물은 공동으로 수확한다. 다섯째, 수확된 곡물은 노동량과 경작 능력에 따라 분배한다.

1여의 구성은 대략 30가구 내외로 하되 지세(地勢)를 기준으로 구역을 획정한다. 6여를 합쳐 이(里)라 하고, 5이를 합쳐 방(坊), 5방을 합쳐 읍(邑)이라 한다. 여에는 여장(閭長)을 두어 여장의 책임 하에 여민(閭民)이 토지를 공동경작하고 여장은 매일 개개인의 노동량을 장부에 기록한다. 가을이 되면 수확물을 여장의 집에 거두어 세금과 여장의 봉급을 제한 후 여민의 노동량과 능력에 따라 분배한다. 여장은 여 내에서 수확량이 월등히 높은 여민으로 임명하되, 다른 여보다 삼 년 이상 높은 수확량을 산출할 경우 이장(里長)이나 방장(坊長)으로 임명한다.

이 제도의 장점을 확산시키기 위해 여 내 농민들의 자유로운 이동을 보장하고, 원한다면 누구나 임야를 개간할 수 있도록 한다. 이렇게 하면 10여 년 이내에 경작지가 확장되고 또한 인구 분포 상태도 평준화될 것이다. 무위도식은 허용되지 않으며 선비들도 농사에 종사해야 한다. 농사를 짓지 않으려면 교육에 종사하거나, 토지에 적합한 농작물 조사, 농수의 관리와 분배, 기구의 개발과 운용, 농업 기술 개선, 농법 지도 등의 일을 해야 한다. 농사를 짓지 않는 상인과 공인의 경우, 상인은 상품을 사고팔아 양곡을 얻고 공인은 기구를 만드는 일로써 곡물을 얻어야 한다. 한편 농업의 중요성을 고려해서 누구라도 영농이나 수리와 같이 산업을 크게 일으킨 사람은 표창을 받거나 그 업무에 맞는 지방 관리로 임명될 수 있도록 한다.

* 여(閭): 고대 주(周)나라 제도에서 가져온 소규모 공동체

① 1방은 약 900가구로 구성된다.
② 위 글의 토지제도 개혁안에 따르면, 토지를 점유한 사람은 농사짓는 사람이다.
③ 만약 여장 '갑'이 작년과 올해 연이어 '을'읍에서 가장 높은 수확량을 거뒀다면, 방장으로 임명된다.
④ 농수를 관리하고 분배하는 '병'은 농사를 짓지 않아도 된다.

✔ 헷갈리기 쉬운 어휘 Check

다음 중 올바른 어휘에 동그라미표 치시오.

01 (두렛일, 두레일)을 할 때 노동요를 틀면 즐겁게 일할 수 있다.

02 조기 한 (두릅, 두름)만 사갖고 갈까.

03 철수네 장녀는 (며느리감, 며느릿감)으로 최고더군요.

04 이달 (며칠날, 며칟날) 올 거야?

05 (부주금, 부조금)은 아끼지 말고 넉넉히 넣어라.

06 머리가 (부시시, 부스스)한 것을 보니 방금 일어났구나.

07 동생은 언니의 결혼식에서 축의금을 (섭섭지, 섭섭치) 않게 챙겨주었다.

08 나연이는 하숙생에게 (셋방, 세방)을 주었다.

09 지역 신문에 (어린이난, 어린이란)이 새로 생겼다.

10 가로등이 흐릿해서 (어슥한, 으슥한) 뒷골목

01 두렛일	06 부스스
02 두름	07 섭섭지
03 며느릿감	08 셋방
04 며칟날	09 어린이난
05 부조금	10 으슥한

해커스공무원
gosi.Hackers.com

해커스공무원 신민숙 쉬운국어 매일 하프모의고사 1 답안지

컴퓨터용 흑색사인펜만 사용

성명	
자필성명	본인 성명 기재
응시직렬	
응시지역	
시험장소	

생년월일

응시번호

※ **시험감독관 서명**
(성명을 정자로 기재할 것)

책임 감독관 서명

[필적감정용 기재]
*아래 예시문을 옮겨 적으시오
본인은 OOO(응시자성명)임을 확인함

기재 란

책 형

문번	①	②	③	④
01	①	②	③	④
02	①	②	③	④
03	①	②	③	④
04	①	②	③	④
05	①	②	③	④
06	①	②	③	④
07	①	②	③	④
08	①	②	③	④
09	①	②	③	④
10	①	②	③	④

해커스공무원
gosi.Hackers.com

해커스공무원 신민숙 쉬운국어 매일 하프모의고사 1 답안지

컴퓨터용 흑색사인펜만 사용

성명	
자필성명	본인 성명 기재
응시직렬	
응시지역	
시험장소	

[필적감정용 기재]
*아래 예시문을 옳게 적으시오
본인은 OOO(응시자성명)임을 확인함

기재란

형	
책	

응시번호

생년월일

※ 시험감독관 서명
(성명을 정자로 기재할 것)

채점위원 날인 사용

문번	①	②	③	④
01	①	②	③	④
02	①	②	③	④
03	①	②	③	④
04	①	②	③	④
05	①	②	③	④
06	①	②	③	④
07	①	②	③	④
08	①	②	③	④
09	①	②	③	④
10	①	②	③	④

해커스공무원
gosi.Hackers.com

MEMO

MEMO

해커스공무원
신 민 숙
쉬운국어

매일 하프
모의고사
❶

개정 3판 2쇄 발행 2024년 12월 23일
개정 3판 1쇄 발행 2023년 9월 26일

지은이	신민숙
펴낸곳	해커스패스
펴낸이	해커스공무원 출판팀

주소	서울특별시 강남구 강남대로 428 해커스공무원
고객센터	1588-4055
교재 관련 문의	gosi@hackerspass.com
	해커스공무원 사이트(gosi.Hackers.com) 교재 Q&A 게시판
	카카오톡 플러스 친구 [해커스공무원 노량진캠퍼스]
학원 강의 및 동영상강의	gosi.Hackers.com

ISBN	979-11-6999-486-6 (13710)
Serial Number	03-02-01

공무원 교육 1위,
해커스공무원 gosi.Hackers.com

 해커스공무원

- 해커스공무원 국어 수강후기 1위 신민숙 선생님의 본 교재 인강(교재 내 할인쿠폰 수록)
- 해커스 스타강사의 공무원 국어 무료 특강
- 필수어휘와 사자성어를 편리하게 학습할 수 있는 **해커스 매일국어 어플**

5천 개가 넘는
해커스토익 무료 자료!

대한민국에서 공짜로 토익 공부하고 싶으면 | 해커스영어 Hackers.co.kr ▾ | | 검색 |

RC 정수진　**RC 이상길**

토익 강의 〔무료〕

베스트셀러 1위 토익 강의 150강 무료 서비스,
누적 시청 1,900만 돌파!

토익 실전 문제 〔무료〕

토익 RC/LC 풀기, 모의토익 등
실전토익 대비 문제 제공!

LC 한승태　**RC 김동영**

최신 특강 〔무료〕

2,400만뷰 스타강사의
압도적 적중예상특강 매달 업데이트!

고득점 달성 비법 〔무료〕

토익 고득점 달성팁, 파트별 비법,
점수대별 공부법 무료 확인

**전원
무료**
*미션 달성 시

가장 빠른 정답까지!

615만이 선택한 해커스 토익 정답!
시험 직후 가장 빠른 정답 확인

더 많은
토익무료자료 보기 ▶

해커스공무원
신 민 숙
쉬운국어

매일 하프
모의고사
①

약점 보완 해설집

해커스공무원

해커스공무원

신 민 숙

쉬운국어

―――――

매일 하프
모의고사
① ―

약점 보완 해설집

해커스공무원

■ 정답 p.10

01	③ 어법	06	② 어휘
02	① 어휘	07	④ 어법
03	③ 비문학	08	③ 비문학
04	② 어법	09	④ 문학
05	① 비문학	10	② 비문학

■ 취약영역 분석표

영역	틀린 답의 개수
어법	/ 3
비문학	/ 4
문학	/ 1
어휘	/ 2
혼합	/ –
TOTAL	/ 10

* 취약영역 분석표를 이용해 1개라도 틀린 문제가 있는 영역은 그 영역의 문제만 골라 해설을 다시 한번 꼼꼼히 학습하세요.

01 어법
정답 ③

정답 해설
③ 주어진 문장은 의미가 중복되는 부분을 찾아볼 수 없다.

오답 분석
① '과반수'는 '절반이 넘는 수'라는 뜻을 가지고 있으므로 '~의 이상'을 포함하는 단어이다. 따라서 '과반수 이상'이 중복의 표현이 되므로, '과반수'라고만 쓰는 것이 맞다.
② '세다'는 '머리카락이나 수염 따위의 털이 희어지다'라는 뜻이므로, '하얗다'의 뜻을 이미 갖고 있는 단어이다. 따라서 '하얗게 세는'이 중복의 표현이 된다.
④ '매해'라는 단어가 '한 해 한 해'의 뜻을 가진 단어로, 반복의 의미를 포함하고 있으므로 '매해마다'가 중복의 표현이 된다. '해마다' 혹은 '매해'로 쓰는 것이 맞다.

02 어휘
정답 ①

정답 해설
① 주어진 지문은 강태공이 느슨하게 풀어진 마음을 다잡는 계기가 된 이야기 중 일부이다. 숙소 주인의 말과 강태공이 깨달은 바에 빗대어 볼 때, 기회라는 것은 얻기는 어려워도 잃는 건 한순간이라는 뜻을 가진 '難得易失(난득이실)'이 가장 적절하다.

오답 분석
② '哀而不悲(애이불비)'는 마음은 슬프지만 겉으로 슬픈 내색을 하지 않는다는 뜻이다.
③ '敬天愛人(경천애인)'은 하늘을 공경하고 사람을 사랑한다는 뜻이다.
④ '亡羊之歎(망양지탄)'은 갈림길이 매우 많아 잃어버린 양을 찾을 길이 없음을 탄식한다는 뜻으로, 학문의 길이 여러 갈래여서 한 갈래의 진리도 얻기 어려움을 이르는 말이다.

03 비문학
정답 ③

정답 해설
③ '스마트폰을 오래 바라볼수록 당신의 시력은 떨어집니다'라는 표어가 주어진 조건을 모두 만족한 표어이다. 시력 저하를 경고하는 의미가 담겼으며, 스마트폰을 오래 보는 행위가 시력을 떨어뜨리는 결과를 가져온다고 직접적으로 표현하고 있다. 또한 어려운 단어나 외래어, 외국어 등이 사용되지 않아 누구나 이해할 수 있는 표어라고 볼 수 있다.

오답 분석
① 시력 저하를 경고하는 내용도 들어가 있고 쉬운 표현으로 구성된 표어이긴 하나, 스마트폰을 사용하는 행위가 어떠한 결과를 가져오는지 직접적으로 표현되지는 않았다.
② '소탐대실'이라는 사자성어가 누구나 쉽게 이해할 수 있는 쉬운 표현은 아니다. 또한 스마트폰 과다 사용으로 인해 시력이 저하된다는 것과의 연관성이 크게 두드러지지 않는 표어이다.
④ 시력 저하를 경고하는 내용이 맞고 표현도 쉽지만, 비유법을 사용하고 있으므로 스마트폰의 과다 사용이 시력 저하를 유발한다는 결과를 직접적으로 표현한 표어는 아니다.

04 어법

정답 해설

② '상견례'의 표준 발음은 [상견녜]이다. 원래 표준 발음법 제20항에 따르면 'ㄴ'은 'ㄹ'의 앞이나 뒤에서 [ㄹ]로 발음하는 것이 원칙이다. 그러나 '상견례'를 비롯한 예외의 단어들이 있는데, 이들은 'ㄴ'은 그대로 있고 'ㄹ'이 'ㄴ'이 되는 것으로 발음하도록 되어 있다.

오답 분석

① '앞마당'이 [암마당]으로 발음되는 것은 표준 발음법 제18항에 따라서 비음화가 진행된 현상이다. 받침 'ㄱ, ㄷ, ㅂ'은 'ㄴ, ㅁ' 앞에서 [ㅇ, ㄴ, ㅁ]으로 발음한다는 원칙에 따라, '앞[압]'의 받침소리인 [ㅂ]이 [ㅁ]으로 바뀌어 [암마당]으로 발음되는 것이 맞다.

③ '홑이불'은 합성어 및 파생어에서 앞 단어의 끝이 자음이고 뒤 단어의 첫 음절이 '이'인 경우에는 'ㄴ' 음을 첨가하여 발음한다는 표준 발음법 제29항에 따라 [홑니불]로 발음된다. 이후 받침 [ㅌ]이 음절의 끝소리 규칙으로 인해 [ㄷ]으로 발음되고, 비음화 현상에 의해 [혼니불]로 발음된다.

④ 표준 발음법 제19항에 따라 받침 'ㄱ, ㅂ' 뒤에 연결되는 'ㄹ'은 [ㄴ]으로 발음하고, 받침 'ㄱ, ㄷ, ㅂ'은 'ㄴ, ㅁ' 앞에서 [ㅇ, ㄴ, ㅁ]으로 발음한다. '막론하다'의 어근인 '막론'은 [막논]이 되었다가 [망논]이 되는 과정을 거쳐, 최종적으로 [망논]으로 발음하는 것이 맞다.

05 비문학

정답 해설

① 제시된 대화는 지우와 용재가 기말고사가 끝난 후 어디로 놀러 갈지에 대해 얘기하는 부분이다. 밑줄 친 용재의 대사는 상대인 지우의 의견에 일단 동의를 표하고 일치점을 찾은 후에, 자신의 의견을 조심스레 제시하는 방식이다. 이는 화법의 원리 중 공손성의 원리에서 '동의의 격률'에 해당하는 사례이다.

오답 분석

② 자신에 대한 칭찬을 최소화하고 자신에 대한 비방을 극대화하는 것은 '겸양의 격률'이다.

③ 상대방에게 부담이 되는 표현은 최소화하고 상대방의 이익을 극대화하는 것은 '요령의 격률'이다.

④ 다른 사람에 대한 비방을 최소화하고 칭찬을 극대화하는 것은 '칭찬의 격률'이다.

06 어휘

정답 해설

② 관용구 '초로와 같다'는 '인생 따위가 덧없고 허무하다'라는 뜻으로 쓰인다.

오답 분석

① 몹시 괴롭거나 애가 탄다는 의미의 관용구는 '피가 마르다' 등이 있다.

③ 모진 재앙을 당한다는 의미의 관용구는 '된서리를 맞다' 등이 있다.

④ 어떤 일에서 벗어나지 못한다는 의미의 관용구는 '발목을 잡히다' 등이 있다.

07 어법

정답 해설

④ 통사적 합성어는 일반적인 문장 구성 방법에 따라 어근끼리 결합하여 만들어진 합성어를 뜻한다. '이런저런'은 관형사와 관형사가 결합된 합성어이다. 부사와 부사가 결합한 경우의 합성어로는 '이리저리', '곧잘' 등이 있다.

오답 분석

① '겉늙다'는 물체의 바깥 부분을 뜻하는 명사인 '겉'과 나이를 많이 먹었다는 의미의 동사인 '늙다'가 결합된 단어이다. 풀어 보면 '겉이 늙었다'라는 뜻이 되므로 주어와 용언이 결합된 형태의 합성어가 맞다.

② '온종일'은 전부를 뜻하는 관형어 '온'에다가 아침부터 저녁까지의 동안을 뜻하는 명사 '종일'이 결합되어 만들어진 합성어이다. 이 경우에는 관형어가 뒤의 명사를 꾸며 주는 수식의 관계가 된다.

③ '뜬소문'은 용언 '뜨다'의 관형사형인 '뜬'과 명사 '소문'이 결합되어 만들어진 합성어이다. 이 경우, 용언이 다른 단어를 수식해 줄 수 없기 때문에 관형사형으로 변한 것이다.

08 비문학

정답 해설

③ 제시문에서는 남해안 지방의 전통가옥의 특징을 이야기하기 위해서 남해안의 지리적 특성, 해양 문화권만의 특성을 먼저 설명하고 있다. 그후 남해안 전통가옥의 특징을 첫째부터 넷째까지 분류화하여 구체적으로 설명하는 방식을 사용하였다.

오답 분석

① 주요 용어에 대한 개념 설명은 없고, 학술적인 사례 역시 찾아볼 수 없다.

② 전통가옥의 특징을 이야기하기 위해서 남해안 지방이 전통적으로 가지는 문화와 특성을 언급하고는 있으나, 이것의 시대적 변천사를 설명하고 있지는 않다.

④ 상반되는 두 현상에 대한 설명은 찾아볼 수 없다.

09 문학

정답 해설

④ 제시된 작품은 허균의 '통곡헌기'로, '통곡헌'이라고 이름 붙인 집에 대한 내력과 시대에 대한 비판의 메시지를 담은 고전 수필이다. 허친의 대사와 허균의 대사에서 알 수 있듯이, '통곡헌'이라는 이름에는 환락을 즐기고 부와 명예만을 추구하는 세상사에 반대하는 마음이 담겨 있다. 따라서 ㉠에 대한 해석으로 가장 옳은 것은 ④이다.

오답 분석

① 아녀자가 하는 통곡은 오히려 좀스럽다고 표현했기 때문에, 그들에게 동조하는 의미가 있었다고 보기는 어렵다.

② 허친과 허균이 집의 이름을 비웃는 세상 사람들에게 본인들의 가치관을 설명하고 있을 뿐, 그들에게 서운함을 표하는 부분은 찾아볼 수 없다.

③ 통곡을 했던 여러 군자들의 사례는 허균이 허친의 가치관을 부수적으로 설명하기 위해 가져온 예시일 뿐이다. 허친이 그들을 존경한다고 표현된 부분은 없다.

10 비문학

정답 해설

② 경제 위기가 발생하였을 때 개인이나 조직의 위험을 효과적으로 분담할 수 있으므로 경제 위기의 파급효과를 최소화할 수 있다.

오답 분석

① 위험분담제도는 자연재해로 인해 소수의 기업이 큰 타격을 겪었을 때 불공정한 상황을 완화하기 위함이 목적이므로 추가적인 불공정성을 야기한다는 것은 적절하지 않다.

③ 위험분담제도의 한계인 정보의 비대칭성은 위험분담제도가 적절하게 시행되지 못하게 만드는 요인이다.

④ 위험분담제도를 통해 경제 시스템이 탄력적인 구조를 가지게 되는데, 이것이 위험의 부당한 분담을 의미한다는 것은 아니다.

■ 정답

p.14

01	② 어법	06	① 어법
02	③ 비문학	07	② 어휘
03	④ 어법	08	③ 문학
04	① 어휘	09	④ 비문학
05	③ 어법	10	① 비문학

■ 취약영역 분석표

영역	틀린 답의 개수
어법	/ 4
비문학	/ 3
문학	/ 1
어휘	/ 2
혼합	/ –
TOTAL	/ 10

* 취약영역 분석표를 이용해 1개라도 틀린 문제가 있는 영역은 그 영역의 문제만 골라 해설을 다시 한번 꼼꼼히 학습하세요.

01 어법

정답 ②

정답 해설
② 예문에 쓰인 '마저'는 '이미 어떤 것이 포함되고 그 위에 더함'을 나타내는 '보조사'이므로 체언 뒤에 붙여 쓰는 것이 맞다. 이에 반해, '남김없이 모두'를 뜻하는 부사로서의 '마저'는 띄어서 쓴다.

오답 분석
① '듯하다'는 '앞말이 뜻하는 사건이나 상태 따위를 짐작하거나 추측함'을 나타내는 보조 형용사로서, 한 단어이므로 붙여서 쓰는 것이 맞다.
③ '지난'은 그 자체가 독립된 단어이므로 띄어서 쓰는 것이 원칙이지만, 계절이나 특정 시기를 나타내는 '지난봄, 지난여름, 지난가을, 지난겨울, 지난주' 등의 단어에 사용될 때는 그 단어 자체가 한 단어로 사전에 등재되어 있으므로 붙여서 써야 한다.
④ '총(總)'은 '전체'를 뜻하는 접두사로서, 한 단어로 붙여서 쓰는 것이 맞다.

02 비문학

정답 ③

정답 해설
③ 주어진 지문은 아파트 단지 내 도서관 활성화에 대한 보고서 쓰기 계획이다. '타 단지 주민들의 아파트 도서관 건립 상황'은 도서관 운영 방식이나 주민들의 도서관 사용 현황과 관련이 없는 내용이다.

오답 분석
① ㉠: 도서관 사업의 배경을 설명하기 위해서는, 도서관이 아파트 단지 내에서 어떠한 필요성을 갖고 존재하고 있는지 파악하는 것이 적절하다.

② ㉡: 도서관의 현재 운영 상황을 설명하기 위해서 도서관의 보유 도서량을 파악하는 것은 적절하다.
④ ㉣: 보유 도서의 관리가 잘되지 않는다는 것은 도서관 이용률을 낮추는 원인 중 하나일 수 있으므로 적절하다.

03 어법

정답 ④

정답 해설
④ '봐'는 '보아'를 줄인 형태로, 두 개의 모음 'ㅗ'와 'ㅏ'가 하나의 모음 'ㅘ'로 축약된 형태이기 때문에 음운 탈락이 아닌 음운 축약에 해당한다.

오답 분석
① '커서'는 '크-'에 '-어서'가 합쳐지면서 용언의 어간 'ㅡ'가 탈락한 형태이다. 모음 탈락에 해당하므로 음운의 탈락 현상이 맞다.
② '많은'은 [마는]으로 발음되는데, 이는 용언의 어간 끝소리인 'ㅎ'이 탈락한 형태이다. 자음 탈락에 해당하므로 음운의 탈락 현상이 맞다.
③ '가서'는 '가-'에 '-아서'가 합쳐져 [가서]로 발음이 되는 형태로, 동일한 모음 'ㅏ'가 연속될 때 그중 하나가 탈락한 동음 탈락에 해당한다. 모음 탈락 현상이므로 음운의 탈락 현상이 맞다.

04 어휘

정답 ①

정답 해설
① '집결'은 '한군데로 모이거나 모여 뭉침'을 뜻하는 단어로 '모일 집(集)'과 '맺을 결(結)' 자를 쓴다. '소환'은 '법원이 소송 관계인에게 공판 기일이나 일정한 날에 법원이나 법원이 지정한 장소에 나올 것을 명령하는 일'을 뜻하는 법률 용어이다. '부를 소(召)'와 '부를 환(喚)' 자를 사용한다.

오답 분석

② '집결'에 '이지러질 결(缺)' 자를 사용하였고, '소환'에 '바 소(所)' 자를 사용하였기 때문에 올바르지 않다.

③ '집결'에 '모을 집(輯)' 자를 사용하였기 때문에 올바른 표기가 아니다. '소환'은 맞게 표기하였다.

④ '집결'에 '모을 집(輯)' 자와 '이지러질 결(缺)' 자를 사용하였으므로 틀린 표기이며, '소환'에 '바 소(所)' 자를 사용하여서 이 역시 옳지 않다.

05 어법   정답 ③

정답 해설

③ '한걱정'은 '큰 걱정'을 뜻하는 단어이므로 접두사 '한-'이 제시된 <보기>에서의 첫 번째 뜻에 해당한다.

오답 분석

① '한밤중'은 '깊은 밤'을 뜻하는 단어이므로 접두사 '한-'의 두 번째 뜻으로 쓰였다.

② '한잠'은 '깊이 든 잠'을 뜻하는 단어이므로 접두사 '한-'의 두 번째 뜻으로 쓰였다.

④ '한겨울'은 '추위가 한창인 겨울'을 뜻하는 단어이므로 접두사 '한-'의 두 번째 뜻으로 쓰였다.

06 어법   정답 ①

정답 해설

① 합성어는 어근과 어근이 합성되어 생성된 복합어를 뜻하는 것으로, 일반적 단어 배열 방식을 따른 것을 '통사적 합성어', 일반적인 배열법을 따르지 않은 것을 '비통사적 합성어'라고 칭한다. '부르짖다'는 용언의 어간인 '부르-'와 용언 '짖다'가 연결 어미 없이 합쳐진 비통사적 합성어이다. '보살피다'는 용언의 어간 '보-'와 용언 '살피다'가 연결 어미 없이 합쳐진 비통사적 합성어이다.

오답 분석

② '남다르다'는 명사 '남'과 용언 '다르다'가 '부사어+서술어' 형태로 결합한 통사적 합성어이다. '힘쓰다'는 명사 '힘'과 용언 '쓰다'가 '목적어+서술어' 형태로 결합한 통사적 합성어이다. '남다르다'와 '힘쓰다' 모두 조사가 생략된 형태의 합성어이다.

③ '오가다'는 용언의 어간 '오-'와 용언 '가다'가 연결 어미 없이 합쳐진 비통사적 합성어이다. 그러나 '건널목'은 '건너다'의 관형사형인 '건널'과 명사 '목'이 결합된 통사적 합성어에 해당한다.

④ '새것'은 관형사 '새'와 명사 '것'이 결합해 만들어진 통사적 합성어이다. '부슬부슬'의 경우에는 부사와 부사가 합쳐진 통사적 합성어에 해당한다.

07 어휘   정답 ②

정답 해설

② '하석상대(下石上臺)'는 '아랫돌을 빼서 윗돌을 괴고 윗돌을 빼서 아랫돌을 괸다'라는 뜻으로, 임시변통으로 이리저리 둘러대는 것을 뜻한다. ①, ③, ④의 경우 '필요할 때에는 취하고 필요 없을 때에는 버린다'라는 것을 뜻하는 사자성어이므로 의미가 다른 것은 ②이다.

오답 분석

① 득어망전(得魚忘筌): '물고기를 잡으면 통발을 잊는다'라는 말로, 바라던 바를 이루고 나면 이것을 이루기 위해서 했던 일들을 잊어버린다는 뜻이다.

③ 감탄고토(甘吞苦吐): '달면 삼키고 쓰면 뱉는다'라는 말로, 자신의 비위에 따라서 사리의 옳고 그름을 판단한다는 뜻이다.

④ 부염기한(附炎棄寒): '권세를 떨칠 때는 섬기다가 권세가 시들면 버린다'라는 뜻이다.

08 문학   정답 ③

정답 해설

③ 제시된 작품은 이태준의 '돌다리'라는 소설로, 땅을 파는 문제로 일어난 아버지와 아들 간의 갈등을 다룬 작품이다. 해방 직전 시기에 근대화가 급속도로 진행되면서 물질이 모든 것의 기준이 된 사회를 비판하는 작가의 시각이 담겨 있다. 이 작품에서 '돌다리'는 가족사의 일부이자 과거와 현재, 미래를 연결해 주는 매개체이며, 과거에서부터 전해지는 정신적인 문화를 상징하는 존재이다. 따라서 아버지와 아들은 돌다리와 나무다리의 기능 문제를 놓고 갈등하는 것이 아니다. 돌다리를 보수하는 것을 보며 물질적 가치보다 정신적 가치가 더욱 보존되어야 한다는 작품의 주제가 담겨 있는 것이다.

오답 분석

① 아버지는 정신적 가치를 중요시하는 구세대이고, 아들은 물질적 가치를 중요시하는 신세대를 대표하는 인물이다.

② 아버지는 땅을 팔 수 없다고 이야기하고 있고, 아들은 돈을 얻기 위해 땅을 팔고 싶다고 말하고 있으므로 맞는 설명이다.

④ 아버지에게 돌다리라는 것은 가족의 역사를 설명해 주는 매개체이자 과거로부터 전해지는 정신적 문화가 담긴 물건이다. 아버지는 돌다리가 오래되었다고 해서 쓸모없다고 여기는 태도 자체를 지양하고 있다.

09 비문학

정답 해설

④ 제시문에서 이야기하고 있는 '비용 편익 분석'은 선택의 득과 실을 따져서 비용이 편익보다 크면 선택하지 않는 방법을 뜻한다. E 기업의 사례는 대중적으로 잘 팔리지 않는 상품을 굳이 지속 생산하기로 했다는 내용이므로, 편익보다 비용이 더 클 수도 있다는 것을 감안하고도 다른 가치를 선택한 경우에 해당하는 사례이다. 따라서 ㉠의 사례에 해당하지 않는다.

오답 분석

① 사람들이 큰돈을 들여 집과 자동차를 구입하는 것은 집과 자동차가 주는 편익이 더 크기 때문이다. 사례에 등장한 신혼부부의 경우, 자동차를 구입하여 출퇴근 시간을 줄임으로써 시간적인 여유를 얻게 되었으므로 편익을 고려한 소비라고 볼 수 있다.

② 사람들이 식당에서 음식을 사 먹는 이유는 그 편익이 재료를 사서 직접 요리하는 것보다 크다고 판단하기 때문이다. 사례에 등장하는 대학생은 재료를 일일이 사서 요리를 해 먹는 것보다 식당에서 음식을 사 먹는 것의 편익이 더 크다고 판단한 것이므로 맞는 사례에 해당한다.

③ 필요도 없는 제품이나 마음에 들지 않는 제품을 구입하지 않는 것은 '비용 편익 분석'을 통해 선택의 득과 실을 따진 결과다. 사례에 등장하는 직장인은 구매하려던 제품의 디자인이 마음에 들지 않아 구매를 포기하였으므로 적절한 사례에 해당한다.

10 비문학

정답 해설

① 제시문은 문화적 타자를 받아들이는 것에 있어 상호 인정과 상호 이해에 지향점을 두고 접근해야 함을 강조하고 있다. 따라서 전체적인 맥락과 핵심 내용을 고려한다면, 괄호 안에 들어갈 내용은 '감수성을 갖춘 상태에서 자신을 개방하려는 자세와 능력'이 가장 적절하다.

오답 분석

② '문화 사대주의적 경향'은 다른 문화가 자신의 문화보다 우월하다고 믿고, 자신의 문화는 낮게 평가하는 태도를 의미하므로 문화 사대주의적 경향을 갖추는 것은 제시문에서 주장하고 있는 바가 아니다.

③ 상호 인정과 상호 이해를 지향하는 것은 한쪽의 문화에만 편입되기를 바라는 문화적 동화를 목표로 하는 것과는 상반된 자세다. 따라서 제시문의 내용에 적합하지 않다.

④ 글의 맥락을 고려하면 문화적 타자의 문화를 존중하며 관계를 맺는 것이 중요하다는 의미로 읽을 수 있지만, 그렇다고 해서 타자를 받아들이는 쪽이 자신들의 사회적 정체성까지 배제할 필요성을 강조하고 있지는 않다.

■ 정답

p.18

01	② 어법	06	① 어휘
02	③ 어법	07	② 문학
03	④ 어휘	08	② 비문학
04	③ 어법	09	④ 비문학
05	② 어법	10	③ 어휘

■ 취약영역 분석표

영역	틀린 답의 개수
어법	/ 4
비문학	/ 2
문학	/ 1
어휘	/ 3
혼합	/ -
TOTAL	/ 10

* 취약영역 분석표를 이용해 1개라도 틀린 문제가 있는 영역은 그 영역의 문제만 골라 해설을 다시 한번 꼼꼼히 학습하세요.

01 어법

정답 ②

정답 해설

② 제시된 예문에서의 '못'은 용언이나 다른 부사, 문장 전체 등을 꾸미는 역할을 하는 '부사'에 해당한다. 여기서는 '만나다'라는 동사를 꾸미고 있다. ①, ③, ④의 밑줄은 '관형사'에 해당하고, 관형사는 주로 명사, 대명사, 수사 등 체언을 꾸미는 역할을 한다.

오답 분석

①: 이때 '새'는 명사인 '의자'를 꾸미고 있기 때문에 관형사에 해당한다.

③: 이때 '그'는 명사인 '집'을 꾸미고 있기 때문에 관형사에 해당한다.

④: 이때 '한'은 명사인 '사람'을 꾸미고 있기 때문에 관형사에 해당한다. 이렇게 수량이나 순서를 나타낼 때에도 관형사를 사용하기 때문에 수사와 헷갈릴 수 있으므로 주의가 필요하다.

02 어법

정답 ③

정답 해설

③ 제시된 문장에는 의미가 중복되는 표현이 없다.

오답 분석

① '관점'은 '사물이나 현상을 관찰할 때, 그 사람이 보고 생각하는 태도나 방향 또는 처지'라는 의미이므로 '보다'의 의미가 이미 포함되어 있다. 따라서 '보는 관점'이라는 표현에서 의미가 중복된다.

② 이때 '근'은 수량을 나타내는 말 앞에 쓰이는 관형사로, '그 수량에 거의 가까움을 나타내는 말'이다. 따라서 '가까이'와 의미가 중복된다.

④ '예고'는 '미리 알림'을 의미하는 단어이다. 따라서 '미리'라는 표현을 중복으로 쓸 필요가 없다.

03 어휘

정답 ④

정답 해설

④ '핑계 없는 무덤 없다'라는 속담은 어떤 허물을 가진 사람도 변명할 구실은 있다는 뜻이다. 죄를 저지른 자가 계속 자신의 상황을 설명했다는 예문의 내용을 표현하기에 가장 적절하다.

오답 분석

① '도토리 키 재기'는 정도가 비슷한 사람끼리 서로 다툰다는 의미로, 크게 견주어 볼 필요가 없다는 것을 비유적으로 뜻한다.

② '고양이에게 생선 맡기다'는 믿지 못할 사람에게 일이나 물건을 맡겨 뒀다는 의미이다.

③ '누워서 침 뱉기'는 남에게 해를 입히려다가 자신이 해를 입는다는 뜻이다.

04 어법

정답 ③

정답 해설

③ 제시된 문장에서의 '읽다'는 '사람의 표정이나 행위 따위를 보고 뜻이나 마음을 알아차리다'라는 의미로 쓰였다. ③의 '읽다' 역시, 시험에 대한 결의를 1등을 한 사람의 얼굴 표정을 통해 알아차렸다는 뜻이므로, 제시된 문장과 같은 의미로 쓰였다.

오답 분석

① 제시문에서의 '읽다'는 '컴퓨터의 프로그램이 디스크 따위에 든 정보를 가져와 그 내용을 파악하다'라는 의미로 쓰였다.

② 제시문에서의 '읽다'는 '글이나 글자를 보고 그 음대로 소리 내어 말로써 나타내다'의 의미로 쓰였다.

④ 제시문에서의 '읽다'는 '그림이나 소리 따위가 전하는 내용이나 뜻을 헤아려 알다'라는 의미로, 비유적인 표현으로 쓰였다.

05 어법

정답 해설

② 주어진 단어 '부엌', '살쾡이', '나팔꽃'은 표준어 규정 제3항 '거센소리를 가진 형태를 표준어로 삼는다'에 해당하는 예시들이다. '부억'을 버리고 '부엌'을 표준어로, '삵괭이'를 버리고 '살쾡이'를 표준어로, '나발꽃'을 버리고 '나팔꽃'을 표준어로 삼은 것이다.

오답 분석

① 이에 해당하는 예시는 '깡충깡충', '발가숭이', '보퉁이' 등이다. '깡총깡총'을 버리고, '발가송이'를 버리고, '보통이'를 버린 결과이다.

③ 이에 해당하는 예시는 '강낭콩', '사글세', '울력성당' 등이 있다. '강남콩', '삭월세', '위력성당' 등이 표준어로 인정되지 못했다.

④ 이에 해당하는 예시는 '바라다', '상추', '주책' 등이 있다. '바래다', '상치', '주착' 등이 버려진 결과이다.

06 어휘

정답 해설

① '실각(失脚)하다'는 '발을 헛디디다'와 '세력을 잃고 지위에서 물러나다'라는 뜻을 가졌다. 따라서 대표자가 '물러날' 위기를 맞았다고 바꾸는 것은 적절하다.

오답 분석

② '운행(運行)하다'는 '차량 따위가 정해진 도로나 목적지를 오고 가다'는 뜻이다. 따라서 '나아가는'이라는 단어보다는 '다니는' 혹은 '오가는' 등으로 바꾸는 것이 적절하다.

③ '교수(教授)하다'는 '학문이나 기예를 가르치다'라는 뜻이다. 따라서 '가르치는' 등으로 바꾸는 것이 적절하다.

④ '밀접(密接)하다'는 '아주 가깝게 맞닿아 있다. 또는 그런 관계에 있다'라는 뜻이므로 '가까웠다' 등으로 바꾸는 것이 맞다.

07 문학

정답 해설

② '의인법'은 비유법의 일종으로 사람이 아닌 것을 사람처럼 만들어 감정 이입하는 것을 의미한다. ⓒ은 사람이 아닌 '푸른 바다'를 사람처럼 '가슴을 열고'라고 표현하였으므로 의인법에 해당한다.

오답 분석

① 청포도가 익어가는 화자의 고향을 일컬은 것으로 비유적 표현은 사용되지 않았다.

③ 화자의 희생 의지를 촉각적 심상을 통해 제시하고 있다.

④ 돈호법을 사용하여 화자의 감정을 효과적으로 전달하고 있다.

08 비문학

정답 해설

② 제시문은 초음파 검사의 방법과 검사의 목적, 그리고 검사를 통해 아이의 성별을 어떻게 확인할 수 있는지에 대해 설명하고 있는 글이다. 따라서 초음파 검사 기술을 사용하는 방식과 그 목적을 쉽게 설명하고 있다는 내용이 가장 적절하다.

오답 분석

① 초음파 검사라는 것이 무엇인지, 이 기술에 대한 설명은 있으나 용어 자체를 학술적인 것으로 사용하지는 않았다.

③ 양상이 비슷한 두 가지의 개념은 전혀 등장하지 않고 있다.

④ 요즘의 부모들은 초음파 검사가 의학적으로 필요하지 않을 때에도 아이의 성장을 위해 검사하기를 원한다는 내용을 통해 사회적인 현상을 언급하긴 했으나, 이에 대한 서술자의 주관이 들어간 부분은 찾기 어렵다.

09 비문학

정답 해설

④ 제시문은 창조성을 높이기 위한 기업환경에 대해 이야기하고 있다. 창조적인 인물이란 창조적인 환경에서 나오므로 기업문화를 창조적으로 만드는 것이 중요하며, 미국과 일본의 경우를 예로 들어 국민들의 창조성이 왜 결여되는지 환경적인 문제를 지적하고 있다. ⓒ의 바로 앞 문맥을 보면 토론을 통한 통합적 사고의 부재와 지식의 통합 능력 결여가 일본 기업들의 창조성 저하의 원인으로 꼽히고 있으므로, 이와 같은 문제를 해결하기 위해 의견 및 지식 교류를 활성화하는 소통 방식을 만드는 것이 ⓒ에 대한 답으로 적절하다고 할 수 있다.

오답 분석

① 미국에서 예술가들을 마약 중독자나 경제적 무능력자 등으로 치부하는 시선이 있으며 이 점이 문제라는 것을 지적했을 뿐, 기업에서 이들을 채용해야 한다는 의견을 내세운 것은 아니다.

② 일단 제시문에서 창의력과 창조성은 타고나는 것이라는 견해를 찾아볼 수가 없고, 직원들의 승진 방식에 대해서도 딱히 언급된 부분이 없다.

③ 제시문에 미국 및 일본의 사례가 등장한 것은 그들이 창조적인 환경을 조성하지 못했다는 예시를 보여 주기 위함이다. 이를 벤치마킹해야 한다는 주장을 펼친 것은 아니다.

10 어휘

정답 해설

③ '수불석권(手不釋卷)'은 '손에서 책을 놓지 않다'라는 뜻으로, 책을 사랑하여 늘 글을 읽는다는 뜻이다.

오답 분석

① '악전고투(惡戰苦鬪)'는 매우 어려운 조건을 무릅쓰고 힘을 다하여 고생스럽게 싸운다는 의미로 쓰인다.

② '와신상담(臥薪嘗膽)'은 '불편한 섶에 몸을 눕히고 쓸개를 맛본다'라는 뜻으로, 원수를 갚거나 마음먹은 일을 이루기 위하여 온갖 어려움과 괴로움을 참고 견딤을 비유적으로 이르는 말이다.
④ '식자우환(識字憂患)'은 학식이 있을수록 도리어 근심이 생겨난다는 의미로 쓰인다.

■ 정답 p.22

01	④ 어법	06	① 어휘
02	③ 어법	07	① 문학
03	② 어법	08	② 비문학
04	④ 비문학	09	② 비문학
05	④ 어법	10	② 어법

■ 취약영역 분석표

영역	틀린 답의 개수
어법	/ 5
비문학	/ 3
문학	/ 1
어휘	/ 1
혼합	/ –
TOTAL	/ 10

* 취약영역 분석표를 이용해 1개라도 틀린 문제가 있는 영역은 그 영역의 문제만 골라 해설을 다시 한번 꼼꼼히 학습하세요.

01 어법 정답 ④

정답 해설

④ '조금만 잘못하였더라면'의 뜻을 가지는 부사 '하마터면'은 흔히 '하마트면' 등으로 잘못 표기하는 경우가 많다. 또한 '뻔하다' 역시 '실제 일어나진 않았지만 그럴 가능성이 매우 높았던 상황'을 의미하는 보조 형용사로서, 한 단어이기 때문에 붙여서 표기한다. 따라서 이 문장은 맞춤법에 맞다.

오답 분석

① '결단을 내리지 못하고 머뭇거리며 망설이다'라는 뜻을 가진 동사 '서슴다'는 '서슴지'의 꼴로 '않다', '말다' 등의 부정어와 함께 쓰인다. 따라서 주어진 문장에 쓰인 '서슴치'는 맞춤법에 맞지 않은 표기이다.

② '허용되는 범위에서 크게 벗어나지 아니한 상태에 있다'라는 뜻을 가진 형용사는 '웬만하다'이다. '왠만하면'으로 표기된 것은 맞춤법에 맞지 않다.

③ '뜻밖에 일이 잘되어 운이 좋게'의 뜻을 가진 부사는 '다행히'이다. '다행이'는 옳지 않은 표기이다.

02 어법 정답 ③

정답 해설

③ '죽다'와 '살다'는 두 단어 사이에 중간 단계나 정도를 나타내는 수식어를 사용할 수 없는 반의 관계이다. 일정한 기준으로 긍정과 부정을 나타내는 반의 관계의 단어는 '좋다'와 '나쁘다' 등이 해당된다.

오답 분석

① '달다'와 '쓰다'는 화자의 미각에 따라서 화자가 주관적으로 평가하는 기준에 따라 나눠지는 반의 관계이므로 설명이 적절하다.

② '높다'와 '낮다'는 높이의 정도를 표현하는 수식어의 꾸밈을 받아서 높이의 정도를 표현할 수 있는 관계의 반의 관계가 맞다.

④ '참'과 '거짓'은 중간 단계나 수식어를 사용할 수 없고 등급을 나눌 수 없는 관계의 반의 관계이므로 설명이 적절하다.

03 어법 정답 ②

정답 해설

② 주어진 문장에서의 '내다'는 '가게 따위를 새로 차리다'라는 뜻이다. 그 외 선지들의 '내다'는 구체적인 의미는 조금씩 차이가 있으나 문서, 서류, 돈, 물건 등을 제출하거나 바친다는 뜻으로 쓰였다. 따라서 네 선지의 문장을 비교하여 볼 때, ②의 '내다'가 가장 의미가 다르다고 볼 수 있다.

오답 분석

① 주어진 문장에서의 '내다'는 '돈이나 물건 따위를 주거나 바치다'의 뜻이다.

③ 주어진 문장에서의 '내다'는 '문서, 서류, 편지 따위를 제출하거나 보내다'의 뜻이다.

④ 주어진 문장에서의 '내다'는 '문서, 서류, 편지 따위를 제출하거나 보내다'의 뜻이다.

04 비문학

정답 해설

④ '담화'는 구어적 언어 형식을 가리키는 말로, 독특하고 고유한 기능을 지니는 것이 특징이다. 담화의 기능으로는 일반적으로 정보 제공 기능, 호소 기능, 약속 기능, 사교 기능, 선언 기능 등이 있는데, 담화 하나에 여러 가지 기능이 들어 있는 경우도 다수 있다. 제시문은 층간 소음 줄이기를 위한 아파트 관리사무소의 안내문으로, '사교 기능'은 찾아볼 수 없다.

오답 분석

① 늦은 시간에는 큰 소음을 내지 말아 달라는 말을 통해 주민들의 마음을 움직이고자 하는 목적이 담겨 있으므로 '호소 기능'을 찾아볼 수 있다.

② 층간 소음 전문 상담 센터의 존재를 알리고, 센터에 갈등 중재를 요청하는 방법을 알려 주고 있으므로 '정보 제공 기능'을 갖고 있다.

③ 층간 소음에 시달릴 경우에는 관리사무소로 연락을 하면 직접 나서서 해결 방안을 찾아주겠다고 하고 있으므로 '약속 기능'을 확인할 수 있다.

05 어법

정답 해설

④ 표준 발음법에 따르면 'ㅎ'이 받침으로 오고 그 뒤에 모음 어미가 왔을 경우, 'ㅎ'이 탈락하는 것이 원칙이다. 따라서 '않은'은 [안는]이 아니라 [아는]으로 발음되는 것이 옳다.

오답 분석

① 표기상으로 사이시옷이 없더라도 관형격 기능을 지니는 사이시옷이 있어야 할 합성어의 경우에는, 합성된 뒤 단어의 첫소리를 된소리로 발음한다. 따라서 '눈동자'의 발음은 [눈똥자]가 맞다.

② 'ㅢ'의 경우, 위치에 따라서 발음이 달라진다. 자음이 있는 'ㅢ'의 경우에는 'ㅣ'로 발음하는 것이 맞다. 따라서 '무늬'의 발음은 [무니]가 맞다.

③ '송별연'은 사잇소리가 발생하지 않는 단어이므로, 발음에서 'ㄴ'음의 첨가가 없다. 따라서 [송:벼련]이라고 발음하는 것이 맞다.

06 어휘

정답 해설

① 몇 번의 실패에도 굴하지 않고 다시 일어나서 도전한다는 제시문의 내용에 적합한 사자성어는 '권토중래(捲土重來)'이다.

오답 분석

② 온고지신(溫故知新): 옛것을 익히고 그것을 미루어서 새것을 안다는 뜻으로, 지난 학문을 공부하여 그를 통해 새로운 지식을 익힌다는 의미로 쓰인다.

③ 맹귀부목(盲龜浮木): 눈먼 거북이 우연히 뜬 나무를 붙잡았다는 의미로, 어려운 상황에서 뜻밖의 행운을 만났다는 뜻이다.

④ 격세지감(隔世之感): 세상이 아주 바뀌어 다른 세상이 된 것 같다는 뜻이다.

07 문학

정답 해설

① ㉡ ㉢ ㉣은 모두 존재가 인식된 '의미 있는 존재'를 뜻하는 시어이나, ㉠은 인식되기 이전의 '의미 없는 존재'를 뜻하므로 의미가 다르다. 따라서 답은 ①이다.

오답 분석

② ㉡ '꽃'은 이름이 불림으로써 의미가 부여되고 존재가 인식된 '의미 있는 존재'를 뜻하는 시어이다.

③ ㉢ '무엇'은 본질에 맞는 이름을 지닌 '의미 있는 존재'를 뜻하는 시어이다.

④ ㉣ '눈짓'은 '너'와 '나'가 서로 인식하는 상호 '의미 있는 존재'를 뜻하는 시어이다.

08 비문학

정답 해설

② 제시문은 문화가 언어에 영향을 주는 경우에 대해 설명하고 있다. 그중 지칭어와 호칭어를 글의 소재로 삼았는데, 구체적인 설명을 위해 지칭어와 호칭어의 예시를 직접 들고 있다. 따라서 ②의 설명이 가장 적절하다.

오답 분석

① 영미권과 국어 문화를 비교하는 부분은 있지만 도리어 차이점을 말하기 위해서이지, 각 문화 속 언어의 공통점을 말하고 있진 않다.

③ 문화적으로 오류가 있는 언어 현상에 대해서는 설명하고 있지 않다.

④ 이 제시문이 언어의 소통 방식을 이야기하기 위한 글의 일부임을 예상할 순 있지만, 독자의 예상 반응을 제시한다거나 소통하는 방식을 중요하게 여기는 부분은 찾아볼 수 없다.

09 비문학

정답 해설

② 첫 번째 문단의 마지막 문장 "서명 호루라기"에 대한 내용이므로 옳다.

오답 분석

① 돌고래가 의사소통을 위해 사용하는 방법은 소리, 몸짓, 접촉이다. 그중에서 소리의 비중이 가장 높다는 내용은 나오지 않는다.

③ 두 번째 문단의 후반부 "돌고래들이 만드는 거품 고리도 의사소통을 위한 것이라고 보는 견해도 있다. ~ 어떤 학자들은 이러한 행동이 돌고래들 사이의 의사소통과 사회적 상호작용의 한 형태"로부터 단순한 놀이가 아니라 의사소통을 위한 것일 수도 있음을 알 수 있다.

④ 두 번째 문단의 두 번째 문장을 보면, "공격성을 드러내기 위해 또는 장
난을 치고 싶다는 의도로 물 밖으로 뛰거나 꼬리를 두드리거나"라고 하
므로 장난치고 싶다는 의도로 꼬리를 두드리고 있을 수 있다. 반드시 상
대방을 공격할 것이라 단언할 수 없다.

10 어법   정답 ②

정답 해설

② A와 B의 대화에 등장하는 버스는 총 두 대로, 한 대는 지금 이들이 서
있는 정류장으로 오고 있는 버스이고 또 한 대는 안내판에 있는 버스이
다. 언급 순서가 첫 번째인 버스는 갈아타진 않지만 다소 돌아가는 버스
이고, 두 번째 버스는 정류장에 내려서 목적지까지 좀 더 걸어가야 하
지만 지름길로 가는 버스이다. A는 첫 번째 버스를 타자고 제안했지만
B가 노선도를 보고 두 번째 버스를 타는 게 좋겠다고 얘기한 상황이므
로, ㉠, ㉢ 둘 다 첫 번째 버스를 지시하고 있다.

오답 분석

① ㉠은 첫 번째 버스, ㉡은 두 번째 버스를 지시한다.
③ ㉡은 두 번째 버스, ㉢은 첫 번째 버스를 지시한다.
④ ㉢은 첫 번째 버스, ㉣은 두 번째 버스를 지시한다.

■ 정답

p.26

01	③ 어법	06	④ 어법
02	② 어법	07	② 어법
03	③ 어휘	08	② 문학
04	① 어법	09	④ 비문학
05	① 어법	10	③ 비문학

■ 취약영역 분석표

영역	틀린 답의 개수
어법	/ 6
비문학	/ 2
문학	/ 1
어휘	/ 1
혼합	/ -
TOTAL	/ 10

* 취약영역 분석표를 이용해 1개라도 틀린 문제가 있는 영역은 그 영역의 문제만 골라 해설을 다시 한번 꼼꼼히 학습하세요.

01 어법
정답 ③

정답 해설
③ '한번'은 어떤 일을 시험 삼아 시도하거나 기회가 있는 어떤 때를 뜻하는 말로 쓰일 때는 한 단어이므로 붙여서 쓰고, 횟수를 나타내는 경우에는 띄어서 쓴다. ③번 선지에서의 '한 번'은 초인종을 누른 횟수가 한 번이라는 뜻이므로 띄어 쓴 것이 맞다.

오답 분석
① '지나간 과거의 일'을 뜻하는 '옛일'은 한 단어이므로 붙여서 쓴다.
② '조금 멀어진 어느 때부터 다른 어느 때까지의 비교적 짧은 동안'을 나타내는 '그간'은 한 단어이므로 붙여서 쓴다.
④ '땅 밑'을 뜻하는 '땅속'은 한 단어이므로 붙여서 쓴다.

02 어법
정답 ②

정답 해설
② '내다 버렸다'에서의 '버렸다'는 물건을 내던지거나 쏟는 등의 행위를 뜻하는 본동사로 쓰였다. 반면, 다른 선지에서의 밑줄 친 용언은 모두 보조 동사로 쓰였다.

오답 분석
① '들어 보다'에서 '보다'는 '어떤 행동을 시험 삼아 함'을 나타내는 보조 동사로 쓰였다.
③ '먹어 주다'에서 '주다'는 '앞 동사의 행위가 다른 사람의 행위에 영향을 미침'을 나타내는 보조 동사로 쓰였다.
④ '기억해 내다'에서 '내다'는 '앞말이 뜻하는 행동이 스스로의 힘으로 끝내 이루어짐'을 나타내는 보조 동사로 쓰였다.

03 어휘
정답 ③

정답 해설
③ '우고'는 '근심하고 괴로워함'의 뜻을 가진 명사이다.

오답 분석
① '해껏'은 '해가 질 때까지'의 뜻을 가진 부사이다.
② '도월하다'는 '남보다 뛰어나다'의 뜻을 가진 형용사이다.
④ '장걸하다'는 '기골이 장대하고 우람하다'의 뜻을 가진 형용사이다.

04 어법
정답 ①

정답 해설
① 예문에 쓰인 '짓다'는 '한데 모여 줄이나 대열 따위를 이루다'의 뜻으로 쓰였다. '밤길이 위험하니 무리를 지어 출발하기로 했다'에서의 '짓다' 역시 같은 뜻으로 쓰였다.

오답 분석
② '짓다'가 '이어져 온 일이나 말 따위의 결말이나 결정을 내다'의 의미로 쓰였다.
③ '짓다'가 '묶거나 꽂거나 하여 매듭을 만들다'의 의미로 쓰였다.
④ '짓다'가 '어떤 표정이나 태도 따위를 얼굴이나 몸에 나타내다'의 의미로 쓰였다.

05 어법

정답 해설

① 통사적 합성어는 우리말의 일반적인 단어 배열법에 맞게 만들어진 합성어를 뜻하고, 비통사적 합성어는 그 배열법과 일치하지 않는 합성어를 말한다. '독서'는 한자와 한자가 합쳐진 말이지만 우리말과 어순이 다르기 때문에 비통사적 합성어에 해당하고, '척척박사'는 부사가 명사를 직접 꾸미는 방식으로 만들어진 비통사적 합성어에 해당하며, '밉상'은 '밉다'의 어간 '밉-'과 명사 '상'이 어미 없이 결합한 비통사적 합성어에 해당한다.

오답 분석

② '책가방', '논밭'과 '이슬비'는 모두 명사와 명사가 결합한 형태의 통사적 합성어에 해당한다.

③ '부슬비'는 부사가 명사를 꾸미는 형태의 비통사적 합성어에 해당하고, '돌다리'는 명사와 명사가 결합한 통사적 합성어이다. '묵은땅'은 '묵다'의 어간 '묵-'과 명사 '땅'이 관형사형 어미 '-은'을 통해 결합한 통사적 합성어에 해당한다.

④ '등산'은 우리말과 어순이 다른 한자어이므로 비통사적 합성어에 해당하고, '어린이'와 '그만두다'는 일반적인 배열법에 맞게 형성된 통사적 합성어이다.

06 어법

정답 해설

④ '그가 보낸 편지에는 사진도 함께 있었다' 이 문장에는 의미가 중복된 부분이 없다.

오답 분석

① '온수'의 뜻이 '따뜻하게 데워진 물'이므로 따뜻하다는 의미가 중복되어 있다.

② '재가동되다'에는 '기계가 다시 움직인다'라는 뜻이 포함되어 있으므로 '다시'라는 의미가 중복되어 있다.

③ '승객'은 '탈것을 타는 손님'이라는 의미이므로 '타다'라는 의미가 이미 포함되어 있다. 따라서 의미 중복이 있는 문장이다.

07 어법

정답 해설

② '달님'과 '신라'는 각각 [달림], [실라]로 발음되는데, 이것은 비음인 'ㄴ'이 유음인 'ㄹ'의 앞이나 뒤에서 'ㄹ'로 바뀌어 발음되는 유음화에 해당한다.

오답 분석

① '연세'는 한자음 단어 중 '녀, 뇨, 뉴, 니'가 단어 첫머리에 올 때 '여, 요, 유, 이'로 바꾸어 쓰는 두음 법칙이 적용된 단어이다. '밥물'은 [밤물]로 발음하는데, 받침 'ㄱ, ㄷ, ㅂ'이 비음인 'ㄴ, ㅁ'을 만나 비음인 'ㅇ, ㄴ, ㅁ'으로 바뀌는 현상인 비음화가 일어난 것이다.

③ '피붙이'는 [피부치]로 발음되는데, 실질 형태소의 끝 자음 'ㄷ, ㅌ'이 형식 형태소의 첫 모음 'ㅣ'나 반모음 'ㅣ' 앞에서 'ㅈ, ㅊ'으로 발음되는 구개음화가 일어난 것이다. '꽃다발'은 [꼳따발]로 발음되는데, 음절의 끝소리 규칙과 된소리되기가 일어난 경우이다.

④ '맏형'은 [마텽]으로 발음되는데, 이는 거센소리되기에 해당하므로 축약이 일어난 경우이다. '눈요기'는 [눈뇨기]로 발음되는데, 'ㄴ'이 첨가되었으므로 첨가가 일어난 경우이다.

08 문학

정답 해설

② 제시된 작품은 조선 후기의 실학자 정약용이 쓴 수필 '수오재기'이다. '수오재'는 '나를 지키는 집'이라는 뜻의 단어로 정약용의 형님이 집에다가 붙인 이름인데, 나를 굳이 지켜야 하는 이유가 무엇인지에 대해 정약용이 의문을 가지다가 이내 깨달음을 얻은 내용이 담겨 있다. 물건은 지키지 않아도 그 자리에 잘 있지만, '나의 성품'은 제대로 지키지 않으면 안 된다는 것이다. ㉠은 인간의 성품이라는 것이 세속적 이익과 유혹에 쉽게 흔들려 들락날락한다는 의미의 구절이다.

오답 분석

① 인간의 성품이 사람마다 다르다는 것이 언급된 부분은 없다.

③ 인간의 성품이 드나든다는 표현은 인간의 성품이 외부의 유혹에 잘 흔들린다는 뜻이고, 그렇기에 수양을 통해 이를 잘 지켜야 한다는 것이 이 글의 내용이다.

④ 과거를 되돌아보며 미래를 공부해야 한다는 것이 글의 핵심 내용은 아니다.

09 비문학

정답 해설

④ 4문단 2~3번째 줄을 통해 작곡가와 디자이너, 무용수가 협업하여 작품을 창작했음을 확인할 수 있으나, 이들이 무대에 함께 올라 발레 공연을 했다는 내용은 제시문에 나타나지 않는다. 따라서 답은 ④이다.

오답 분석

① 2문단 전체에서 확인할 수 있다.

[관련 부분] 15세기 이탈리아의 르네상스 시대에는 귀족들의 사교 행사에서 춤과 연극이 이루어졌다. 이때의 춤은 ~ 집단 춤이 주를 이루었는데, 이것이 발레의 초기 형태라고 할 수 있다.

② 5문단 1~4번째 줄에서 확인할 수 있다.

　[관련 부분] 20세기에는 ~ 발레의 형식과 움직임에 대한 전통적인 제약을 벗어나 ~ 다양한 발레 스타일과 창작 방식이 개발되었다.

③ 3문단 1~5번째 줄에서 확인할 수 있다.

　[관련 부분] 그러나 발레는 ~ 프랑스에서 귀족들의 사교 행사와 연결되어 크게 발전한다. 루이 14세 시대에 귀족들을 위한 행사인 '발레 드 쿠르'가 개최되면서 이를 통해 발레의 기술과 예술적인 요소들이 점차 발전하였다.

10　비문학　　　　　　　　　　　　　　　정답 ③

정답 해설

③ 제시문은 영국인들이 미국 남부와 북부로 이주해 온 후, 각자 어떻게 사회를 형성했는지를 설명한 글의 일부이다. 북부 이주민들은 스스로를 '순례자'라고 부르는 청교도 교파에 속한 이들이 대부분이었다.

오답 분석

① 남부와 북부의 사회 형성 양상은 전혀 달랐다.

② 대부분의 시민들이 별다른 구분 없이 교육을 받은 쪽은 북부 이주민 쪽이다. 남부로 이주한 영국 이주민들은 교육을 받지 못한 하층민이 대부분임을 1문단을 통해 알 수 있으며, 이들이 이주 후 모두 공통의 교육을 받았는지에 대해서는 제시문에서 확인할 수 없다.

④ 남부 이주민들은 북부 이주민들을 배우고 따라 한 것이 아니라 기존의 사회 체계를 기반으로 자신들의 사회를 형성해나갔다.

■ 정답

p.30

01	③ 비문학	**06**	③ 어법
02	③ 어휘	**07**	② 어법
03	③ 어법	**08**	① 문학
04	② 어법	**09**	④ 비문학
05	① 어법	**10**	② 비문학

■ 취약영역 분석표

영역	틀린 답의 개수
어법	/ 5
비문학	/ 3
문학	/ 1
어휘	/ 1
혼합	/ -
TOTAL	/ 10

* 취약영역 분석표를 이용해 1개라도 틀린 문제가 있는 영역은 그 영역의 문제만 골라 해설을 다시 한번 꼼꼼히 학습하세요.

01 비문학

정답 ③

정답 해설

③ '망령이나 실수로 그릇된 말이나 행동을 함'의 뜻을 가진 단어는 '망말'이 아니라 '망발'이 맞다. 따라서 고칠 필요가 없다.

오답 분석

① 사물을 높여 쓰는 오류를 범했으므로 '나오셨습니다'를 '나왔습니다'로 고쳐야 하는 것이 맞다.

② 앞 글자가 모음으로 끝났으므로 '이에요'가 '예요'로 축약되는 것이 맞다. 따라서 '이예나예요'로 고쳐야 한다.

④ '슬며시 힘을 주는 모양'을 뜻하는 단어는 '지그시'로 표기하는 것이 맞다. '지긋이'는 '나이가 비교적 많아 듬직하게'의 뜻을 가지는 단어이다.

02 어휘

정답 ③

정답 해설

③ '엉덩이가 무겁다'라는 관용어는 한번 자리를 잡고 앉으면 일어날 줄 모른다는 뜻으로 쓰인다. 따라서 '엉덩이가 무겁다'라는 관용어의 사용은 '사람이 믿을 만하다'라는 뒤의 내용과 크게 연결되지 않으므로 적절하지 않은 것은 ③이다. 참고로, ③의 문맥에 사용되기 적절한 관용어로는 '입이 천 근 같다' 등이 있다.

오답 분석

① '목에 힘을 주다'는 거만하게 굴거나 남을 깔보는 듯한 태도를 취한다는 뜻이다.

② '어깨가 올라가다'는 칭찬을 받았을 때 기분이 으쓱해졌다는 뜻으로 쓰인다.

④ '무릎을 치다'는 놀라거나 기쁠 때, 좋은 생각이 떠올랐을 때 무릎을 치며 감탄한다는 의미로 쓰인다.

03 어법

정답 ③

정답 해설

③ '차'가 명사 뒤에 붙어서 목적의 뜻을 더하는 경우에는 접미사가 되기 때문에 앞말에 붙여서 쓰는 것이 옳고, 용언의 관형사형 뒤에 붙어 '어떠한 일을 하던 기회나 순간'의 의미를 지닐 때에는 의존 명사로 쓰이기 때문에 앞말과 띄어서 쓰는 것이 옳다. ③에서는 사업의 목적으로 이사를 하게 됐다는 의미의 접미사로 쓰인 것이므로 앞말에 붙여 써야 옳다.

오답 분석

① 이때 '바'는 앞에서 말한 내용 자체나 일 따위를 나타내는 말로, 의존 명사이기 때문에 앞말과 띄어서 쓰는 것이 옳다.

② '만'이 시간의 경과나 횟수를 나타낼 때에는 의존 명사로 쓰인 것이므로 이때는 앞말과 띄어 쓰는 것이 옳다.

④ '뿐'이 용언의 관형사형 뒤에서 어떠하거나 어찌할 따름의 뜻을 표현할 때에는 의존 명사이므로 띄어서 쓰는 것이 옳다.

04 어법

정답 ②

정답 해설

② ②의 '시끄럽게'는 서술어 '굴다'에 필수적으로 필요한 필수적 부사어이다. 따라서 생략이 불가능한 반면에, ①, ③, ④의 밑줄 친 부사어는 생략이 가능하다.

① '시원하게'는 바람의 상태를 설명하는 부사어로서, 생략해도 문장이 어색해지지 않는다.

③ '사납게'는 짖음의 정도를 설명하는 부사어로서, 생략해도 문장이 어색해지지 않는다.

④ '세게'는 초인종을 누른 정도를 설명하는 부사어로서, 생략해도 문장의 의미가 어색해지지 않는다.

05 어법 정답 ①

정답 해설

① '있다'는 동사와 형용사로 모두 사용이 가능한 단어이다. '사람이나 동물이 어느 곳에서 떠나거나 벗어나지 아니하고 머물다'의 뜻으로 쓰일 경우, 형용사가 아니라 동사에 해당한다.

오답 분석

② '사람이나 동물이 어느 곳에 머무르거나 사는 상태이다'의 뜻으로 쓰일 때에는 형용사로 쓰인다.

③ '사람이나 사물 또는 어떤 사실이나 현상 따위가 어떤 곳에 자리나 공간을 차지하고 존재하는 상태이다'의 뜻으로, 형용사로 쓰였다.

④ '사람이 어떤 지위나 역할로 존재하는 상태이다'의 뜻으로, 형용사로 쓰였다.

06 어법 정답 ③

정답 해설

③ 대명사 '우리'는 화자와 청자, 또는 화자와 청자를 포함한 여러 사람을 가리킬 때 사용하기도 하고, 청자를 제외하고 화자를 포함한 제3자를 가리킬 때 사용하기도 한다. ③의 '우리'는 화자와 청자를 포함한 경우로 쓰였고, ①, ②, ④의 '우리'는 청자를 포함하지 않고 화자와 제3자를 가리키는 경우로 쓰였다.

오답 분석

① A가 말한 '우리'는 청자인 B를 제외하고 A 자신과 제3자가 포함된 집단, B가 말한 '우리'도 청자인 A를 제외하고 B 자신과 제3자가 포함된 집단을 가리킨 것이다.

② A가 말한 '우리'는 청자인 B를 제외하고 자신과 제3자가 포함된 집단을 가리킨 것이다.

④ A가 말한 '우리'는 청자인 B를 제외하고 자신과 제3자가 포함된 집단을 가리킨 것이다.

07 어법 정답 ②

정답 해설

② ②에 쓰인 '두다'는 '시간적 여유나 공간적 간격 따위를 주다'의 뜻으로 쓰였다. ①, ③, ④에 쓰인 '두다'는 '일정한 곳에 놓다'라는 의미로 쓰였다.

오답 분석

① 책가방을 일정한 곳에 놓았다는 의미로 쓰였다.

③ 조각을 일정한 곳에 놓으라는 의미로 쓰였다.

④ 차를 일정한 곳에 놓았다는 의미로 쓰였다.

08 문학 정답 ①

정답 해설

① 제시된 작품은 고려 말기 학자 이제현의 '사리화'라는 한시이다. '참새'가 뜻하는 존재는 수탈을 일삼는 탐관오리로, 힘없는 백성들이 농사를 열심히 지어 놓으면 탐관오리가 그것을 수탈하는 행태를 비판적으로 그린 작품이다.

오답 분석

② 탐관오리들의 욕심은 표현되어 있지만 인간의 욕심이 덧없다는 것으로 연결되는 내용은 아니다.

③ 풍경을 보며 평온함을 얻는 선비의 모습은 찾아볼 수 없다.

④ 참새가 욕심 많은 권력자를 뜻하고 있으므로, 참새를 보며 근심을 털어내는 권력자의 모습은 찾아볼 수 없다.

09 비문학 정답 ④

정답 해설

④ 세 번째 문단을 보면, 설화는 원형 서사에 대한 보편적이고 심층적인 해석을 통해 남녀노소 누구에게나 가까이 다가가는 매개가 될 수 있다고 한다. 따라서 성인에 한해 향유 가능한 것은 아니다.

오답 분석

① 첫 번째 문단에서 어느 민족이건 그들의 민족공동체에 기반한 구비문학을 공통적으로 만들어내 전승해 왔다고 하므로 옳은 선지이다.

② 두 번째 문단에서 설화는 집단 공동의 가치관이 반영된다고 하므로, 한국의 설화를 통해 한국인들이 공유하는 가치관을 추론할 수 있을 것이다.

③ 두 번째 문단에서 설화는 세계적으로 발견되는 공통의 서사가 존재한다고 하고 있으므로 옳은 선지이다.

10 비문학

정답 해설

② 두 번째 문단 "크샤트리아 계급은 전사 계급으로, 통치자와 군인으로 구성된다. 이 계급은 지배와 방어를 담당하며, 통치자와 군인으로서의 책임을 지니고 있다"를 통해 크샤트리아 계급은 전사 계급이며 군인으로서의 책임을 지니고 있음을 알 수 있다.

오답 분석

① 첫 번째 문단 "인도의 카스트 제도는 인도 사회에서 오랫동안 지속된 사회적 계급 체계이다. 이 제도는 인도 전통사회에서 인간들을 출생에 따라 사회적인 등급으로 분류하고"를 통해 카스트 제도는 능력이 아닌 출생에 따라 사회적 등급을 분류하는 시스템임을 알 수 있으므로 적절하지 않은 설명이다.

③ 세 번째 문단 "계급 간의 상호 작용을 제한하고 결혼, 식사, 교제 등 사회적 규칙을 강제로 시행하는데 ~ 계급 간 이동은 거의 불가능하며, 이는 카스트 체계의 핵심적인 특징 중 하나이다"를 통해 혼인을 통한 계급 간 이동은 불가능하며 이를 통해 계급 간 차별을 극복하는 것은 어려움을 알 수 있으므로 적절하지 않은 설명이다.

④ 네 번째 문단의 "현대 사회에서는 법률적으로 금지되었지만 여전히 일부 지역에서는 카스트 제도의 영향이 남아있는 경우도 있다"를 통해 카스트 제도의 영향은 여전히 남아 있음을 알 수 있으므로 적절하지 않은 설명이다.

■ 정답

p.34

01	② 어법	06	③ 어법
02	④ 어법	07	② 어법
03	③ 어법	08	① 문학
04	① 어법	09	① 비문학
05	② 어휘	10	④ 비문학

■ 취약영역 분석표

영역	틀린 답의 개수
어법	/ 6
비문학	/ 2
문학	/ 1
어휘	/ 1
혼합	/ –
TOTAL	/ 10

* 취약영역 분석표를 이용해 1개라도 틀린 문제가 있는 영역은 그 영역의 문제만 골라 해설을 다시 한번 꼼꼼히 학습하세요.

01 어법

정답 ②

정답 해설

② '늦장 부리다'는 한 단어가 아니므로 띄어서 쓰는 것이 옳다.

오답 분석

① '보내 버리다'는 '보내다'에 보조 용언 '버리다'가 결합한 형태로, 띄어서 쓰는 것이 원칙이지만 붙여서 쓰는 것도 허용이 된다. '별수'는 '달리 어떻게 할 방법'의 뜻을 가진 하나의 단어이므로 붙여서 쓴다.

③ '전 국민'에서 '전'은 '모든' 또는 '전체'의 뜻을 나타내는 관형사이므로 띄어서 쓰는 것이 옳다.

④ '까닭인즉'에서 '인즉'은 조사이므로 붙여서 쓰는 것이 옳다.

02 어법

정답 ④

정답 해설

④ '마음을 졸였다'에서 '졸이다'는 '속을 태우다시피 초조해하다'라는 뜻의 동사이다. 따라서 ④는 맞춤법에 맞게 표기되었다.

오답 분석

① '약재 따위에 물을 부어 우러나도록 끓이다'라는 뜻의 동사는 '달이다'이다. '달여 먹었다'로 쓰는 것이 옳다.

② '노력이나 희생을 통하여 얻게 되는 결과'를 뜻하는 명사는 '대가'이다. 이때 '대가'에는 사이시옷을 쓰지 않는다. 또한 '무슨 일을 겪어 내다'의 뜻을 가진 동사는 '치르다'이고, 활용형을 '치러'로 쓰는 것이 맞다. 따라서 '대가를 치러야'로 쓰는 것이 옳다.

③ '여닫는 물건을 열지 못하도록 자물쇠를 채우거나 빗장을 걸거나 하다'의 뜻을 가진 동사는 '잠그다'이고, 활용형은 '잠가'로 쓰는 것이 맞다.

03 어법

정답 ③

정답 해설

③ '바람결'은 표기상으로는 사이시옷이 없지만 관형격 기능을 지니는 사이시옷이 있는 합성어이기 때문에 표준 발음법 제28항에 따라 뒤 단어의 첫소리를 된소리로 발음해야 한다. 따라서 [바람껼]로 발음하는 것이 옳다.

오답 분석

① 한자어에서, 'ㄹ' 받침 뒤에 연결되는 'ㄷ, ㅅ, ㅈ'은 된소리로 발음한다는 표준 발음법 제26항에 따라 '갈등'은 [갈뜽]으로 발음하는 것이 옳다.

② 'ㅖ'는 [ㅖ]가 원칙이지만 '예, 례' 이외의 'ㅖ'는 [ㅔ]로 발음하는 것도 허용한다. 따라서 [지혜]도 맞는 발음이다.

④ '초승달'은 표기상으로는 사이시옷이 없지만 관형격 기능을 지니는 사이시옷이 있어야 할 합성어이므로 표준 발음법 제28항에 따라 뒤 단어의 첫소리를 된소리로 발음하여 [초승딸]로 발음하는 것이 옳다.

04 어법

정답 ①

정답 해설

① 예문에 쓰인 '닦다'는 '학문이나 기술을 배우고 익히다'의 뜻으로 쓰였다. ①의 '무예를 닦다'에 쓰이는 '닦다'도 같은 의미이다.

오답 분석

② '닦다'가 '어떤 일을 하기 위한 기초를 마련하다'의 의미로 쓰였다.

③ '닦다'가 '품행이나 도덕을 바르게 다스려 기르다'의 의미로 쓰였다.

④ '닦다'가 '길 따위를 내다'의 의미로 쓰였다.

05 어휘

정답 해설

② '말 타면 경마 잡히고 싶다'라는 속담은 사람의 욕심이 한도 끝도 없다는 것을 표현한 속담이다.

오답 분석

① '서 발 막대 거칠 것 없다'라는 속담은 서 발이나 되는 막대를 휘둘러도 막대에 아무것도 걸리지 않는다는 의미로, 집이 가난해 세간이 아무것도 없음을 뜻하는 속담이다.

③ '단솥에 물 붓기'라는 속담은 형편이 많이 기울어져서 아무리 도와줘도 소용이 없는 상황을 뜻하는 속담이다.

④ '쇠뿔도 단김에 빼랬다'라는 속담은 어떤 일이든지 하려고 생각했으면 망설이지 말고 곧 행동하는 것이 좋다는 의미의 속담이다.

06 어법

정답 해설

③ '먼저'와 '공격하다'는 각각 다른 의미이므로 ③은 의미 중복이 없는 문장이다.

오답 분석

① '두건'은 '머리에 쓰는 물건을 통틀어 이르는 말'의 의미를 가진 단어이므로 '머리 두건'이라는 표현은 의미가 중복된 표현이다.

② '매주'는 '각각의 주다다'라는 의미이므로 '매주마다'는 의미가 중복된 표현이다.

④ '신곡'은 '새로 지은 곡'이라는 의미를 지닌 단어이므로 '새로운 신곡'이라는 표현은 의미가 중복된 표현이다.

07 어법

정답 해설

② '처-'는 '마구', '많이'의 뜻을 더하는 접두사이다. ① '처넣다', ③ '처박다', ④ '처담다' 모두 접두사 '처-'가 붙어 만들어진 단어이므로 맞춤법에 맞다. 그러나 ② '처들다'는 '쳐들다'가 맞는 표현으로, 접두사 '처-'가 붙어 만들어진 것이 아니라 '위로 들어 올리다'라는 뜻의 동사이다.

오답 분석

① '처넣다'는 '넣다'에 접두사 '처-'가 붙어 만들어진 동사로, '마구 집어넣다'의 의미이다.

③ '처박다'는 '박다'에 접두사 '처-'가 붙어 만들어진 동사로, '마구 쑤셔 넣거나 꾹 밀어 넣다'의 의미이다.

④ '처담다'는 '담다'에 접두사 '처-'가 붙어 만들어진 동사로, '마구 잔뜩 담다'의 의미이다.

08 문학

정답 해설

① 제시된 작품은 고려 말과 조선 초기 문인 원천석이 쓴 시조로, 흰 눈에도 푸름을 자랑하는 대나무의 절개를 통해 자신도 두 왕조를 섬길 수 없다는 굳은 절개와 지조를 드러내고 있다.

오답 분석

② 자조적인 마음이 드러나는 부분도, 애절한 시어도 찾아볼 수 없다.

③ 그리움을 이겨내고자 하는 의지는 찾아볼 수 없다.

④ 인정받지 못한 처지에 대한 절망은 찾아볼 수 없다.

09 비문학

정답 해설

① 제시문은 과거에서부터 이어 온 것들을 모두 전통이라고 받아들일 것이 아니라 인습과 구별함으로써 이를 비판적으로 받아들여야 한다는 글의 일부이다. 따라서 인습과 전통을 구별해야 하는 이유를 주제로 꼽는 것이 가장 적절하다.

오답 분석

② 유물 보존의 방법을 핵심적으로 언급한 부분은 없다.

③ 시대에 맞는 문화를 창조하는 것이 중요한 게 아니라, 내려오는 전통을 인습과 구별하여 잘 계승하는 것의 중요성을 말하고 있는 글이다.

④ 인습을 무조건적으로 전통으로 받아들이면 안 된다는 것이 이 글의 중심 내용이므로 적절하지 않다.

10 비문학

정답 해설

④ 마지막 문단에서 "경기 침체를 극복하기 위해서는 정부와 기업의 협력이 필요하며, 구조적인 변화와 혁신, 투자 촉진, 소비와 수출 활성화 등을 통해 경기 부양을 위한 노력이 필요하다"라고 하였으므로 정부와 개인이 아닌 정부와 기업 차원에서의 협력이 필요함을 알 수 있다.

오답 분석

① 첫 번째 문단 "일반적으로 경기침체는 경제 주기의 하나의 단계로 간주되며, 경제 성장과 함께 경제 침체가 번갈아 나타나는 경기변동의 패턴 중 하나이다"를 통해 적절한 설명임을 알 수 있다.

② 두 번째 문단 "금융 시장에서의 불안정성이 경기 침체를 유발할 수 있다. ~ 이는 경기에 대한 기업과 소비자들의 신뢰를 훼손시킬 수 있다"를 통해 적절한 설명임을 알 수 있다.

③ 세 번째 문단의 "정부, 중앙은행 및 경제 주체들은 경기 침체에 대응하기 위해 경기 부양 정책을 시행하며, 경기 회복을 촉진하기 위해 인프라 투자, 재정 정책 조정, 금융 지원 등 다양한 조치를 취한다"를 통해 경기 부양 정책의 예로 인프라 투자, 재정 정책 조정, 금융 지원 등이 있음을 알 수 있으므로 적절한 설명이다.

■ 정답
p.38

01	④ 어법	06	③ 어법
02	④ 어법	07	① 어휘
03	② 어법	08	④ 문학
04	③ 어법	09	④ 비문학
05	④ 어법	10	④ 비문학

■ 취약영역 분석표

영역	틀린 답의 개수
어법	/ 6
비문학	/ 2
문학	/ 1
어휘	/ 1
혼합	/ –
TOTAL	/ 10

* 취약영역 분석표를 이용해 1개라도 틀린 문제가 있는 영역은 그 영역의 문제만 골라 해설을 다시 한번 꼼꼼히 학습하세요.

01 어법
정답 ④

정답 해설

④ 선지 속 문장에 쓰인 보조사 '은'은 '문장 속에서 어떤 대상이 화제임을 나타냄'의 의미로 쓰였다. 즉 '그 책'이 문장의 중심 대상이라는 것을 뜻하는 보조사이다. 강조의 뜻을 나타내지는 않았다.

오답 분석

① 보조사 '까지'가 앞의 상황이 극단적인 경우임을 나타내는 의미로 쓰인 것이 맞다.

② 동생이 울기만 하고 다른 것은 하지 않았다는 뜻이므로 보조사 '만'이 한정의 뜻을 나타내는 의미로 쓰였다.

③ 다른 가족들도 가지 않는 와중에 아버지까지 가지 않는다는 의미이므로 어떤 것이 포함되고 그 위에 더함을 나타내는 의미로 쓰였다.

02 어법
정답 ④

정답 해설

④ '둥근 듯하게'의 모양을 나타내는 부사는 '둥그시'가 아니라 '둥긋이'가 맞다.

오답 분석

① '감정이나 힘 따위가 속에서 세차게 치밀어 오르다'라는 뜻의 단어는 '북받치다'가 맞다.

② '각 사람의 앞에'의 뜻으로 쓰이는 부사는 '앞앞이'가 맞다.

③ '고약한 냄새'를 뜻하는 단어는 '구린내' 혹은 '쿠린내' 둘 다 맞다.

03 어법
정답 ②

정답 해설

② '시'가 '어떤 일이나 현상이 일어날 때나 경우'를 이르는 의존 명사로 쓰일 때에는 앞의 말과 띄어 쓰는 것이 옳다. 따라서 '탑승 시에는'이라고 띄어 써야 한다.

오답 분석

① '숲속'은 '숲의 안쪽'이라는 뜻으로, 하나의 단어로 인정되어 붙여 쓰는 것이 옳다.

③ '대로'가 '어떤 모양이나 상태와 같이'의 뜻을 가진 의존 명사로 쓰일 때는 앞의 단어와 띄어 쓰는 것이 맞다.

④ '벌'은 옷을 세는 단위이다. 단위는 의존 명사이므로 앞의 수량과 띄어서 쓴다.

04 어법
정답 ③

정답 해설

③ '머릿기름', '곗날', '멧나물'은 모두 사이시옷이 바르게 표기된 단어이다. '머릿기름'은 순우리말로 된 합성어이고, 앞말이 모음으로 끝나는데 뒷말의 첫소리가 된소리로 소리가 나기 때문에 사이시옷을 넣어 적는다. '곗날'은 순우리말과 한자어로 된 합성어인데, 앞말이 모음으로 끝나고 뒷말의 첫소리 'ㄴ, ㅁ' 앞에서 'ㄴ' 소리가 덧나는 경우에 해당해서 사이시옷을 넣어 적는다. '멧나물'은 순우리말로 된 합성어이고, 앞말이 모음으로 끝나며 뒷말의 첫소리 'ㄴ, ㅁ' 앞에서 'ㄴ' 소리가 덧나는 경우여서 사이시옷을 넣어 적는다.

오답 분석

① '귓병'은 순우리말과 한자어의 합성어로, 앞말이 모음으로 끝났고 뒷말의 첫소리가 된소리로 나는 경우에 해당해서 사이시옷을 넣어 적는다. '아랫마을'은 순우리말로 된 합성어이고, 앞말이 모음으로 끝나고 뒷말의 첫소리 'ㄴ, ㅁ' 앞에서 'ㄴ' 소리가 덧나는 경우이므로 사이시옷을 넣어 적는다. 하지만 '머리말'은 [머리말]로 발음하기 때문에 사이시옷을 적지 않는 것이 맞다.

② '자릿세'는 순우리말과 한자어로 된 합성어이고, 앞말이 모음으로 끝나는 데다가 뒷말의 첫소리가 된소리로 나기 때문에 사이시옷을 넣어 적는다. '햇바늘'은 순우리말로 된 합성어이고, 앞말이 모음으로 끝나면서 뒷말의 첫소리가 된소리로 나는 경우이기 때문에 사이시옷을 넣어 적는다. '커핏집'은 외래어가 포함된 합성어라서 사이시옷을 넣어 적는 경우에 해당하지 않는다. '커피집'으로 표기한다.

④ '핏기'는 순우리말과 한자어로 된 합성어이고, 앞말이 모음으로 끝나면서 뒷말의 첫소리가 된소리로 나는 경우이기 때문에 사이시옷을 넣어 적는다. '바닷가'는 순우리말로 된 합성어이고, 앞말이 모음으로 끝나면서 뒷말의 첫소리가 된소리로 나기 때문에 사이시옷을 넣어 적는다. '뒷꿈치'는 잘못된 표기이며 '뒤꿈치'가 맞는데, 뒷말이 애초에 된소리나 거센소리로 시작될 경우에는 사이시옷을 적을 필요가 없다.

05 어법

정답 ④

정답 해설

④ '선생님께서 말씀하신 날짜는 오늘이 아니라 내일입니다'라는 문장의 경우에는 주어절과 서술어가 잘 호응하고 있으므로 문장이 자연스럽다.

오답 분석

① '언니의 의견은'과 '놓자고 했다'가 호응하지 않으므로, '언니는 옷장을 벽에 붙여 놓자고 했다' 또는 '언니의 의견은 옷장을 벽에 붙여 놓자는 것이다' 등으로 고칠 수 있다.

② '그 도시에서 보낸 마지막 1년은 즐거운 시간이었다' 등으로 수정하는 것이 자연스럽다.

③ '내가 말하고 싶은 것은 그 가게의 음식 맛이 변했다는 것이다' 등으로 수정하는 것이 자연스럽다.

06 어법

정답 ③

정답 해설

③ 용언의 활용에는 규칙 활용과 불규칙 활용이 있는데, 그중 불규칙 활용은 어간이나 어미의 기본 형태가 유지되지 않고 바뀌는 것을 뜻한다. '도와'와 '구워'는 모두 'ㅂ' 불규칙이 적용된 예시로, '돕- + -아'가 '도와'로, '굽- + -어'가 '구워'가 된 형태이다.

오답 분석

① '흘러'는 '흐르-'에 '-어'가 붙어 만들어진 것으로, '흐르다'의 어간 '흐르-'의 '르'가 모음 어미 앞에서 'ㄹㄹ'로 바뀌는 현상을 겪었다. '지어'는 '짓다'의 어간 '짓-'의 'ㅅ'이 모음 어미 앞에서 탈락하는 현상이 벌어졌다.

② '빨개'는 'ㅎ'으로 끝나는 어간에 '-아/-어'가 오면 어간의 일부인 'ㅎ'이 탈락하면서 어미도 바뀌는 현상인 'ㅎ' 불규칙 활용이다. '빨강- + -아'가 '빨개'가 되었다. '물어'는 '묻다'의 어간 '묻-'의 'ㄷ'이 모음 어미 앞에서 'ㄹ'로 바뀌는 현상으로, '묻- + -어'가 '물어'가 된 것이다.

④ '이르러'는 어간이 '르'로 끝나는 용언 뒤에서 모음 어미 '-어'가 '-러'로 바뀌는 현상이 벌어진 것이다. '이르- + -어'가 '이르러'가 되었다. '퍼'는 '푸다'의 어간 '푸-'의 'ㅜ'가 모음 어미 앞에서 탈락하는 현상이 일어나 '푸- + -어'가 '퍼'가 되었다.

07 어휘

정답 ①

정답 해설

① '오달지다'는 '허술한 데가 없이 알차다'라는 뜻의 순우리말 단어이다.

오답 분석

② '성질이 너그러워 말과 행동이 시원스럽다'라는 뜻의 단어는 '걱실걱실하다'이다.

③ '몹시 짓궂은 데가 있다'라는 뜻의 단어는 '시망스럽다'이다.

④ '키나 몸집 따위가 보기 좋게 어울리도록 크다'라는 뜻의 단어는 '헌칠하다'이다.

08 문학

정답 ④

정답 해설

④ 이 작품은 일제 강점기에 무기력하게 살아가는 식민지 지식인의 모습을 보여 주고 있다. 남편은 일본 유학까지 다녀온 지식인이지만 일제 강점이라는 부조리한 사회에 적응하지 못하여 이에 대한 분노를 술로만 풀고 있다. 따라서 팔자가 좋다는 남편의 말은 식민지 지식인인 자신의 처지를 자조적으로 표현한 말이며 반어적 표현에 해당한다.

오답 분석

① 아내는 남편의 말이 너무 어려워 이해하지 못하여 말을 더 하지 못하고 있는 것이다.

② 남편은 '하이칼라'가 아니라 '사회'가 자신에게 술을 권하고 있다고 말하고 있다.

③ 화증이나 하이칼라가 술을 권하는 것이 아니냐는 아내의 말에 남편은 고소(苦笑: 쓴웃음)를 지으며 "틀렸소, 잘못 알았소."라고 말하고 있으므로 아내의 말이 틀렸음을 밝히고 있다.

09 비문학

정답 해설

④ 괄호 다음 문장을 통해 괄호 안에 들어갈 내용을 추론할 수 있다. 괄호 안에 들어갈 내용을 순서대로 배열하면 ⓒ-ⓛ-ⓞ이 되므로 답은 ④ 이다.

오답 분석

· ⓒ: 첫 번째 괄호 다음 문장에 '그들은 ~ 감정적인 작용이 거의 없다'라 고 언급된 것을 볼 때, 첫 번째 괄호에는 감정과 관련된 내용인 ⓒ이 와 야 한다.

· ⓛ: 두 번째 괄호 다음 문장에 언급된 '폭력, 사기, 조작, 무자비한 행동 등'은 모두 사이코패스가 보이는 위험한 행동에 해당하므로 두 번째 괄호 에는 ⓛ이 와야 한다.

· ⓞ: 세 번째 괄호 다음 문장에 언급된 '진정한 감정 교류를 하거나 신뢰 관계를 형성하기 어렵다'라는 내용은 사회적인 관계에서 일어나는 문제 와 관련되므로 세 번째 괄호에는 ⓞ이 와야 한다.

10 비문학

정답 해설

④ 제시문은 사랑이라는 것은 차이성에서 동일성으로 향하는 과정이라는 내용을 담고 있다. 이때 동일성은 목표가 아니라 방향인데, 즉 차이성 을 가진 두 사람이 한곳을 바라보며 함께 나아가는 것이 사랑이라는 뜻 으로 귀결된다.

오답 분석

① 유사성이 있는 사람들끼리 사랑에 빠지게 된다는 것이 아니라, 사랑 하는 사람들끼리 유사성을 찾아나가는 과정이 사랑이라는 내용을 담고 있다.

② 차이를 제거하면 사랑마저 제거돼 버린다고 설명하고 있다.

③ 제시문은 두 사람이 하나로 동화되는 것은 진정한 사랑이 아니라는 관 점에 가깝다.

24 해커스공무원학원·공무원인강 gosi.Hackers.com

■ 정답

p.42

01	③ 어법	06	② 어법
02	① 어법	07	③ 문학
03	② 어법	08	③ 비문학
04	③ 어휘	09	④ 비문학
05	④ 어휘	10	② 비문학

■ 취약영역 분석표

영역	틀린 답의 개수
어법	/ 4
비문학	/ 3
문학	/ 1
어휘	/ 2
혼합	/ -
TOTAL	/ 10

* 취약영역 분석표를 이용해 1개라도 틀린 문제가 있는 영역은 그 영역의 문제만 골라 해설을 다시 한번 꼼꼼히 학습하세요.

01 어법

정답 ③

정답 해설

③ 밥상과 독사는 된소리되기가 일어나지만 '닥나무'는 비음화가 일어난다.
· 밥상[밥쌍], 독사[독싸], 닥나무[당나무]

오답 분석

① '신작로', '박람회', '답례품'은 받침 'ㄱ, ㅂ' 뒤에 'ㄹ'이 올 때 비음화가 일어나는 단어에 해당한다. 이때 'ㄹ'은 'ㄴ'으로 교체되고 'ㄱ, ㅂ'은 각각 'ㅇ'과 'ㅁ'으로 교체된다.
· 신작로[신장노], 박람회[방남회/방남훼], 답례품[담녜품]

② '앞문', '덧니', '겉모습'은 모두 음절의 끝소리 규칙이 일어난 후에 비음화가 일어난 단어이다.
· 앞문[압문>암문], 덧니[던니>던니], 겉모습[걷모습>건모습]

④ '맏이', '굳이', '미닫이'는 모두 'ㄷ' 뒤에 'ㅣ'로 시작하는 형식 형태소가 결합하면서 구개음화가 일어났다.
· 맏이[마지], 굳이[구지], 미닫이[미다지]

02 어법

정답 ①

정답 해설

① '갖은'은 '골고루 다 갖춘. 또는 여러 가지의'의 뜻인 관형사이다. 참고로, 동사 '갖다'의 의미와 연관성이 없다.

오답 분석

② 작은: '작다'는 '길이, 넓이, 부피 따위가 비교 대상이나 보통보다 덜하다'라는 의미의 형용사이다.

③ 있어라: 이때 '있다'는 '사람이 어떤 직장에 계속 다니다'라는 의미의 동사이다.

④ 늦는: 이때 '늦다'는 '정해진 때보다 지나다'라는 의미의 동사이다. 이 문장에서는 '집합 시간'이라는 정해진 시간을 넘긴다는 의미로 사용되었기에 동사이다.

03 어법

정답 ②

정답 해설

② 높아질ㅇ수록(×) → 높아질수록(○): '-ㄹ수록'은 앞 절 일의 어떤 정도가 그렇게 더하여 가는 것이, 뒤 절 일의 어떤 정도가 더하거나 덜하게 되는 조건이 됨을 나타내는 연결 어미이므로 어간에 붙여 써야 한다.

오답 분석

① 이끌어야ㅇ할지(○): '-ㄹ지'는 추측에 대한 막연한 의문이 있는 채로 그것을 뒤 절의 사실이나 판단과 관련시키는 데 쓰는 연결 어미이므로 붙여 써야 한다.

③ 세ㅇ돌(○): 이 문장의 '돌'은 생일이 돌아온 횟수를 세는 의존 명사이므로 앞말과 띄어 써야 한다.

④ 그조차(○): 이 문장의 '조차'는 보조사이므로 앞말과 붙여 쓴다.

04 어휘

정답 ③

정답 해설

③ 경수가 하루에 1시간씩 꾸준히 노력하여 큰 성과를 냈다는 이야기이므로 이와 관련된 것은 '낙숫물이 댓돌을 뚫는다'이다. 이 속담은 작은 힘이라도 꾸준히 계속하면 큰일을 이룰 수 있음을 비유적으로 이르는 말이다.

오답 분석
① 일이 몹시 급하여 임시변통으로 이리저리 둘러맞추어 일함을 비유적으로 이르는 말
② 수단이나 방법은 어찌 되었든 간에 목적만 이루면 된다는 말
④ 짧은 기간이라도 책을 안 읽고 지내면 머리가 둔하게 됨을 비유적으로 이르는 말

05 어휘
정답 ④

정답 해설
④ 白面書生(백면서생)은 한갓 글만 읽고 세상일에는 전혀 경험이 없는 사람을 이르는 말이다. 따라서 이 생원이 세상일에 경험이 많다고 한 ④의 문장과는 어울리지 않는다.

오답 분석
① 刮目相對(괄목상대): 눈을 비비고 상대편을 본다는 뜻으로, 남의 학식이나 재주가 놀랄 만큼 부쩍 늚을 이르는 말이다. 그가 짧은 기간 만에 크게 발전한 것을 나타내므로 적절하게 사용되었다.
② 鷄口牛後(계구우후): 닭의 주둥이와 소의 꼬리라는 뜻으로, 큰 단체의 꼴찌보다는 작은 단체의 우두머리가 되는 것이 오히려 나음을 이르는 말이다. 그가 대기업을 사직하고 나서 작은 회사를 차렸으므로 적절하게 사용되었다.
③ 論功行賞(논공행상): 공적의 크고 작음 따위를 의논하여 그에 알맞은 상을 준다는 의미이다. 신하들이 혼란한 정치 상황을 수습하는 것보다 공적을 논의하는 것에 치중하고 있는 상황과 어울리므로 적절하게 사용되었다.

06 어법
정답 ②

정답 해설
② ・헐벗다: '헐- + 벗다' 어간과 어간이 연결 어미 없이 결합한 비통사적 합성어이다.
・굶주리다: '굶- + 주리다' 어간과 어간이 연결 어미 없이 결합한 비통사적 합성어이다.
・덮밥: '덮- + 밥' 어간과 명사가 전성 어미 없이 결합한 비통사적 합성어이다.

오답 분석
① ・감싸다: '감- + 싸다' 어간과 어간이 연결 어미 없이 결합한 비통사적 합성어이다.
・아무것: '아무(관형사) + 것(명사)'의 구성으로 만들어진 통사적 합성어이다.
・책상다리: '책상(명사) + 다리(명사)'의 구성으로 만들어진 통사적 합성어이다.
③ ・뛰어나다: '뛰-(어간) + -어(연결 어미) + 나다(용언)' 어간과 어간이 연결 어미를 사용해 만들어진 통사적 합성어이다.

・들나물: '들(명사) + 나물(명사)'의 구성으로 만들어진 통사적 합성어이다.
・검은돈: '검-(어간) + -은(관형사형 어미) + 돈(명사)' 어간에 전성 어미가 결합하여 명사를 수식하는 형태로 만들어진 통사적 합성어이다.
④ ・검푸르다: '검- + 푸르다' 어간과 어간이 연결 어미 없이 결합한 비통사적 합성어이다.
・거짓말: '거짓(명사) + 말(명사)'의 구성으로 만들어진 통사적 합성어이다.
・줄잡다: '줄(을) + 잡다'의 구성으로 만들어진 통사적 합성어이다.

07 문학
정답 ③

정답 해설
③ 이 작품의 화자는 봄에는 시냇가에서 막걸리를 마시고 있고 여름에는 한가한 초당 생활을 하며 가을에는 낚시를 하고, 겨울에는 설경을 완상함으로써 자연 속에서 만족스러운 삶을 살고 있는 것을 알 수 있지만, 이분법적 사고를 하는 모습은 나타나지 않았기 때문에 잘못된 내용이다.

오답 분석
① 이 작품은 조선 전기에 창작된 강호가도(江湖歌道)의 효시이다. 강호가도는 자연에 은거하면서 자연을 벗 삼아 지내는 생활을 노래한 시가의 경향이다.
② 각 수마다 '강호에 (계절) 드니~ / (계절별 상황) / 이 몸이 ~히옴도 역군은 이샷다'의 구조가 반복되고 있다.
④ 화자는 각 수의 종장에 '亦君恩(역군은)이샷다: 또한 임금의 은혜이시다'라고 하여 자신의 평온한 생활이 임금 덕분임을 밝히고 있다.

08 비문학
정답 ③

정답 해설
③ 제시문은 세잔의 미술 세계에 대해 설명한 글의 일부이다. 세잔을 음악가에 빗대어 표현한 것은 비유의 일종이지, 세잔의 실제 음악적 수준이나 음악적 재능을 설명하기 위한 것이 아니다. 따라서 세잔이 받고 자란 음악 교육의 수준에 대해서는 알 수가 없다.

오답 분석
① 세잔은 원근법을 이용해 공간적 속임수를 쓰려고 하지 않는다는 부분이 설명되어 있다.
② 세잔은 사물을 그리는 일에서 사물의 근본, 색채, 빛의 근본을 파헤치고자 하는 것을 중시했음을 알 수 있다.
④ 붓질 방향이 달라 그림 속 형태를 탄탄하게 받쳐준다는 설명을 찾아볼 수 있다.

09 비문학

정답 해설

④ 첫 번째 문단에 "제1형 당뇨병 환자들은 평생 인슐린 주사를 맞거나 인슐린 펌프를 사용해야 한다."라는 내용이 있다. 그런데 어떤 명제가 참이라고 해서 역이 항상 참은 아니다. 두 번째 문단에서 제2형 당뇨병 환자도 인슐린 주사를 맞는다는 것을 알 수 있다.("제2형 당뇨병은 생활 습관의 개선, 경구약, 인슐린 주사 등으로 관리될 수 있다.") 따라서 인슐린 주사를 맞는다고 해서 그 사람이 제1형 당뇨병 환자라고 단언할 수 없다.

오답 분석

① 첫 번째 문단의 첫 문장 "당뇨병은 신체의 혈당 수치를 조절하는 능력과 관련된 만성적인 질환"에서 당뇨병 환자는 혈당 수치 문제를 겪는다는 것을 알 수 있다. 마지막 문단은 합병증의 위험을 설명하고 의료 전문가와 긴밀히 협력하는 것이 중요하다고 끝맺고 있다.

② 두 번째 문단의 마지막 문장에서 알 수 있다. 임신성 당뇨병은 임신 중에 발병하는 것이므로, 임신 이전에는 정상이었다가 임신 중에 당뇨병에 걸리는 경우이다.

③ 두 번째 문단에서 제2형 당뇨병은 당뇨병에서 가장 흔한 유형이라고 한다. 거꾸로 말하면, 당뇨병 환자 중에서 제2형 당뇨병 환자가 가장 많다는 뜻이다.

10 비문학

정답 해설

② 첫 번째 문단의 네 번째 문장을 통해 카페인이 졸음을 쫓아내는 효과를 나타내는 이유는 아데노신이 수용체에 결합하는 것을 방해하기 때문임을 알 수 있을 뿐, 카페인이 체내의 아데노신의 양을 줄이는지에 대해서는 언급된 바 없다.

오답 분석

① 첫 번째 문단의 뒤에서 두 번째 문장 "카페인은 부신이 아드레날린을 혈류로 방출하도록 자극한다."에서 추론할 수 있다. 부신이 아드레날린을 혈류로 방출하는 기능을 하므로, 부신을 제거하면 혈중 아드레날린의 양이 감소할 것이다.

③ 첫 번째 문단의 "도파민, 노르에피네프린, 그리고 세로토닌과 같은 ~ 각성, 인지 기능 향상을 촉진하는 데 중요한 역할을 한다."와 "아드레날린은 긴장과 흥분을 유도하고 ~ 전체적인 각성 수준을 증가시킨다."에서 알 수 있다.

④ 첫 번째 문단의 두 번째 문장 "카페인은 중추신경계를 자극하여 졸음을 쫓아내어"와 두 번째 문단의 "중추신경계를 지나치게 자극하여 불안, 심리적인 흥분, 긴장을 야기하거나"에서 알 수 있다.

■ 정답

p.46

01	② 어법	06	③ 어법
02	② 어법	07	④ 문학
03	③ 어법	08	④ 비문학
04	① 어법	09	② 비문학
05	② 어법	10	② 비문학

■ 취약영역 분석표

영역	틀린 답의 개수
어법	/ 6
비문학	/ 3
문학	/ 1
어휘	/ -
혼합	/ -
TOTAL	/ 10

* 취약영역 분석표를 이용해 1개라도 틀린 문제가 있는 영역은 그 영역의 문제만 골라 해설을 다시 한번 꼼꼼히 학습하세요.

01 어법

정답 ②

정답 해설

② [사:레](×) → [사:례](○): '예'와 '례'는 항상 [예], [례]로 발음한다.

오답 분석

① 예감[예:감]: '예'는 항상 [예]로 발음한다.

③ 분메[분몌/분메]: '예', '례'를 제외한 'ㅖ'는 첫 음절 이외에서는 [ㅔ]로 발음할 수 있다. 따라서 [분메]도 적절한 발음이다.

④ 가계[가계/가게]: '예', '례'를 제외한 'ㅖ'는 첫 음절 이외에서는 [ㅔ]로 발음할 수 있다.

02 어법

정답 ②

정답 해설

② 도대체 그 가방이 얼만 데 그러니?(×) → 도대체 그 가방이 얼만데 그러니?(○): 이때 '-ㄴ데'는 뒤 절에서 어떤 일을 설명하거나 묻거나 시키거나 제안하기 위하여 그 대상과 상관되는 상황을 미리 말할 때에 쓰는 연결 어미이므로 붙여 쓴다.

오답 분석

① 생각하는 바를(○): 의존 명사 '바'가 관형어의 수식을 받고 있으므로 앞말과 띄어 쓴다.

③ · 떠난 지(○): 의존 명사 '지'는 어떤 일이 있었던 때로부터 지금까지의 동안을 나타내는 말이다. 따라서 앞말과 띄어 쓴다.

· 삼 년(○): '년'은 해를 세는 단위인 의존 명사이므로 수 관형사 '삼'과 띄어 쓴다.

④ · 나보다(○): '보다'는 비교를 할 때 사용하는 조사이므로 앞말과 붙여 쓴다.

· 세 살(○): '살'은 나이를 세는 단위인 의존 명사이므로 수 관형사 '세'와 띄어 쓴다.

03 어법

정답 ③

정답 해설

③ · '총유탄'은 '총(銃) + 유탄(榴彈)'의 결합이다. 한자어 합성어에서 뒷말의 첫소리가 'ㄴ' 또는 'ㄹ' 소리로 나더라도 두음 법칙에 따라 적는다. 따라서 '총유탄'으로 적는다.

· '핫옷'은 안에 솜을 두어 만든 옷이라는 의미로, 'ㄷ' 소리로 나는 받침 중에서 'ㄷ'으로 적을 근거가 없는 것은 'ㅅ'으로 적는다. 따라서 [핟옫]으로 발음되더라도 '핟옷'으로 표기하지 않고 '핫옷'으로 적는다.

· '구름양'은 고유어(구름) 뒤에 한자어(량(量))가 결합한 것으로 이때의 한자어는 독립적인 한 단어로 인식이 되기 때문에 두음 법칙이 적용된다. 따라서 '구름량'이 아닌 '구름양'으로 적는다.

오답 분석

① 허드레일(×) → 허드렛일(○)

② 납짝(×) → 납작(○), 궁시렁대다(×) → 구시렁대다(○)

④ 늦깍이(×) → 늦깎이(○), 서리발(×) → 서릿발(○)

04 어법

정답 ①

정답 해설

① '단어'와 '낱말'은 유의 관계에 해당한다.

오답 분석

② '오목-볼록'은 반의 관계에 해당한다.

③ '할머니-할아버지'는 반의 관계에 해당한다.

④ '뜨겁다-차갑다'는 반의 관계에 해당한다.

05 어법 정답 ②

정답 해설

② 형용사 '바삭하다'는 한 자리 서술어이다. 나머지 서술어는 두 자리 서술어이다.

오답 분석

① '갈아엎다'는 주어와 목적어가 필요한 두 자리 서술어이다. → 농부는 (주어) 언 땅을(목적어) 갈아엎었다(서술어).

③ '차려입다'는 주어와 목적어가 필요한 두 자리 서술어이다. → 나는(주어) 정장을(목적어) 차려입었다(서술어).

④ '재단하다'는 주어와 목적어가 필요한 두 자리 서술어이다. → 어머니는 (주어) 내 옷을 만들 옷감을(목적어) 재단하셨다(서술어).

06 어법 정답 ③

정답 해설

③ ·그랜드 캐니언(Grand Canyon)(○): '그랜드 캐넌'으로 적지 않도록 유의한다.
· 프로이트(Freud)(○): '프로이드'로 적지 않도록 유의한다.
· 웨스트민스터(Westminster)(○)

오답 분석

① 블럭(×) → 블록(○)

② 스폰지(×) → 스펀지(○)

④ · 크루와상(×) → 크루아상(○)
· 크리스마스씰(×) → 크리스마스실(○)

07 문학 정답 ④

정답 해설

④ 화자는 성산 봄 경치, 즉 자연의 아름다움을 예찬하고 있으므로 화자의 정서와 가장 가까운 것은 자연의 아름다움에 주목하고 있는 ④이다.

오답 분석

① 수양 대군이 단종을 폐위시킨 계유정난을 풍자한 작품으로, 계유정난에 희생된 이들에 대한 안타까움의 정서가 드러나고 있다.

② 황진이의 죽음을 애도하는 작품으로, 황진이의 죽음에 대한 허탈하고 안타까운 정서가 드러나고 있다.

③ 늙음을 한탄하면서도 한편으로는 인생을 달관한 화자의 여유와 관조가 드러나고 있다.

현대어 풀이

매화꽃이 피어 있는 창문 아침 볕의 향기에 잠을 깨니
산촌 늙은이의 할 일이 아주 없지도 않다.
울타리 밑 양지 편에 오이씨를 뿌려 두고
(김을) 매고, (흙을) 돋우면서 비 온 김에 손질하니
청문의 고사를 이제도 있다 하겠다.
짚신을 바삐 신고 대나무 지팡이를 흩어 짚으니
복숭아꽃 핀 시냇길이 꽃다운 풀이 우거진 물가에 이어졌구나.
잘 닦은 거울(맑은 물) 속에 저절로 그린 병풍처럼
(드리워진 절벽) 그림자를 벗 삼아 서로 함께 가니
무릉도원이 어디인가, 여기가 바로 그곳이로다.

-정철, '성산별곡'

① 지난밤에 불던 바람에 눈서리가 쳤단 말인가? / 아름드리 소나무들이 다 기울어 가는구나. / 하물며 아직 피지도 못 한 꽃이야 말해 무엇하겠는가?

-유응부, '간밤의 부던 ᄇᆞ람에'

② 푸른 풀이 우거진 골짜기에 자느냐 누웠느냐 / 그 곱고 아름다운 얼굴은 어디 가고 백골만 묻혔느냐 / 잔 잡아 권할 이 없으니 그것을 슬퍼하노라.

-임제, '청초 우거진 골에'

③ 봄산에 눈 녹인 바람이 잠깐불고 간 데 없다. / 잠시 동안 빌려다가 머리 위에 불게 하고 싶구나. / 귀 밑의 해 묵은 서리(백발)를 녹여볼까 하노라.

-우탁, '춘산에 눈 녹인 바ᄅᆞᆷ'

④ 십 년을 계획하여 초가 삼간을 지어 내니 / 나 한 칸, 달 한 칸에 청풍 한 칸 맡겨 두고 / 강과 산은 들여놓을 곳이 없으니 병풍처럼 둘러 두고 보리라.

-송순, '십 년을 경영ᄒᆞ여'

08 비문학 정답 ④

정답 해설

④ 첫 번째 문단을 보면, 사탕수수 자체가 뉴기니에서 인도로 퍼진 것은 맞다. 다만, 재배 기술이 전파되었다는 의미는 아니다.

오답 분석

① 두 번째 문단의 중간 부분 "특히, 아랍의 설탕 정제 기술은 십자군 전쟁 동안 유럽에 널리 퍼졌는데, ~ 설탕 정제소를 세우는 데 이바지했다."에서 알 수 있다.

② 두 번째 문단 첫 문장에 따르면, 아랍의 학자들은 사탕수수를 분쇄하고 그 즙을 증발시키는 과정에 필요한 기술을 혁신적으로 발전시켰다고 한다.

③ 마지막 문단을 보면, 18세기와 19세기에 혁명이라 표현할 수 있을 정도로 대량 생산이 가능해지면서 설탕이 더 이상 사치품이 아니라 가정의 주식이 되었다고 한다. 따라서 18세기 전에 설탕은 사치품이었을 것이다.

09 비문학
정답 ②

정답 해설

② 제시문은 안전사고에 대한 적극적 대응과 기업의 신뢰도가 어떠한 연관이 있는지를 설명하는 글의 일부이다. 문맥을 고려하였을 때, (가)-(다)-(라)-(나)의 순서가 가장 자연스럽다.

(가)	소비재나 식품 등의 사고가 요즘에도 얼마나 빈번하게 일어나고 있는지, 현실적인 사례를 이야기하고 있다. 글의 전체적인 흐름을 고려하였을 때 서두에 올 문단으로 가장 자연스럽다.
(나)	소비자 안전을 중요하게 생각하는 기업도 많지만 그렇지 않은 경우도 있다는 내용을 담고 있다. '이와 같이'라는 표현을 통해, 이 문단의 바로 앞 문단에서 소비자의 안전을 중요하게 생각하는 사례를 언급했음을 추측할 수 있다.
(다)	첫 번째 문단에서 제품 안전에 대한 소비자의 피해가 얼마나 많은지 이야기했기 때문에, 제품 안전사고의 경우 해결이 쉽지 않다는 내용이 담긴 (다) 문단이 (가)문단 다음에 오는 것이 적절하다.
(라)	리콜 제도를 시행한 어느 기업의 실제 사례이다. (나)문단에서 이렇게 소비자 안전을 중요하게 생각하는 기업이 있다고 언급한 것을 토대로, (라)문단이 (나)문단의 앞 문단에 자리하는 것이 가장 자연스럽다.

10 비문학
정답 ②

정답 해설

② 첫 번째 문단에서 만화 주제가의 변화를 통해 두 나라의 사회적 분위기를 엿볼 수 있다고 한 후, '캔디'의 주제가를 예로 들어 자세히 설명한다. 특히 세 번째 문단에서 당시 한국과 일본의 시대상이 투영된 점을 자세히 설명한다.

오답 분석

① '캔디'의 주제가를 두고 한일 양국을 비교하면서 1970년대 당시에는 한국이 상대적으로 여성에 대해 순종적인 여성상을 강요했다는 것을 알 수 있다. 그러나 글은 1970년대 당시에 국한된 것으로, 줄곧 한국 사회가 일본 사회보다 그러했다고 보기는 어렵다.

③ 일본 만화 주제가 가사가 그대로 번역되지 않고 변형되어 들어오며, 이는 '캔디'에서도 확인할 수 있다. 그러나 이러한 변형이 잘못되었다는 내용은 찾을 수 없고, 원작 그대로 번역해야 한다는 주장 역시 나타나지 않는다.

④ 일본의 '캔디' 주제가에 주근깨나 납작코에 대한 언급이 있기는 하지만 이에 대해 비판하지 않는다. 자신의 외모에 대해 긍정적인 태도를 보이며 당차게 자신의 삶을 개척하는 성격을 함축하는 것으로 볼 뿐이다.

■ 정답   p.50

01	② 어법	06	① 어법
02	① 어법	07	③ 문학
03	④ 어휘	08	① 비문학
04	③ 어법	09	③ 비문학
05	③ 문학	10	② 비문학

■ 취약영역 분석표

영역	틀린 답의 개수
어법	/ 4
비문학	/ 3
문학	/ 2
어휘	/ 1
혼합	/ –
TOTAL	/ 10

* 취약영역 분석표를 이용해 1개라도 틀린 문제가 있는 영역은 그 영역의 문제만 골라 해설을 다시 한번 꼼꼼히 학습하세요.

01 어법   정답 ②

정답 해설

② 얽히고섥히다(×) → 얽히고설키다(○): '얽히고설키다'는 '얽히다'라는 용언이 있으므로 '얽히고'라고 써야 하지만 '섥히다'라는 용언은 없으므로 소리 나는 대로 '설키고'로 적어야 한다.

오답 분석

① 구구절절이(○): 명사 '구구절절'에 부사 파생 접미사 '-이'가 결합하여 만들어진 부사이므로 명사의 원형을 밝혀 적는다.

③ 덩굴/넝쿨(○): 길게 뻗어 나가면서 다른 물건을 감기도 하고 땅바닥에 퍼지기도 하는 식물의 줄기

④ 무녀리(○): '문 + 열- + -이'의 구성으로 만들어진 단어이며 어간의 의미와 거리가 멀기 때문에 원형을 밝혀 적지 않는다.

02 어법   정답 ①

정답 해설

① 새옷(×) → 새∨옷(○): '새 옷'은 한 단어가 아니라 '관형사∨명사'이므로 '새 옷'으로 띄어 써야 한다.

오답 분석

② 살∨것이다(○): 관형사형 어미 '-ㄹ'에 의존 명사 '것'의 구조이므로 띄어 쓴다.

③ ·제멋에(○): '제멋'은 '제 스스로 느끼고 생각하는 멋'이라는 의미의 명사이므로 붙여 쓴다.
  ·것밖에(○): '밖에'는 '그것 말고는', 그것 이외에는'의 의미를 지닌 조사이므로 앞말에 붙여 쓴다.

④ 동생대로(○): 이 문장의 '대로'는 명사 뒤에 붙은 조사이므로 앞말과 붙여 쓴다.

03 어휘   정답 ④

정답 해설

④ 잣나무 관련 있는 한자 성어는 歲寒松柏(세한송백)이다. 추운 겨울의 소나무와 잣나무라는 뜻으로, 어떤 역경 속에서도 지조를 굽히지 않는 사람 또는 그 지조를 비유적으로 이르는 말이다. 제시된 한자 성어는 好生之物(호생지물)로 아무렇게나 굴려도 죽지 않고 잘 사는 식물이라는 뜻이다.

오답 분석

① 暗香浮動(암향부동): 그윽한 향기가 은은히 떠돈다는 의미이다. '暗香(암향)'은 흔히 매화의 향기를 이른다.

② 傲霜孤節(오상고절): 서릿발이 심한 속에서도 굽히지 아니하고 외로이 지키는 절개라는 뜻으로, '국화'를 이르는 말이다.

③ 落落長松(낙락장송): 가지가 길게 축축 늘어진 키가 큰 소나무를 이르는 말이다.

04 어법   정답 ③

정답 해설

③ 자립 형태소의 개수는 '고향, 아빠, 차'로 총 3개이다. 따라서 옳은 것은 ③이다.
  · 총 형태소 개수: 11개 (고향/에서/오-/-ㄴ/아빠/에게/차/를/드리-/-었-/-다)
  · 자립 형태소 개수: 3개 (고향, 아빠, 차)

- 의존 형태소 개수: 8개 (에서, 오-, -ㄴ, 에게, 를, 드리-, -었-, -다)
- 실질 형태소 개수: 5개 (고향, 오-, 아빠, 차, 드리-)
- 형식 형태소 개수: 6개 (에서, -ㄴ, 에게, 를, -었-, -다)

오답 분석

① 형태소의 개수는 '고향/에서/오-/-ㄴ/아빠/에게/차/를/드리-/-었-/-다'로 총 11개이다.

② 형식 형태소의 개수는 '에서, -ㄴ, 에게, 를, -었-, -다'로 총 6개이다.

④ 실질 형태소 개수는 '고향, 오-, 아빠, 차, 드리-' 5개이고, 의존 형태소 개수는 '에서, 오-, -ㄴ, 에게, 를, 드리-, -었-, -다' 8개이므로 합은 13개이다.

05 문학
정답 ③

정답 해설

③ 이 작품은 고조선 시기의 노래로, 현전하는 고대 가요 중 가장 오래된 작품이다.

오답 분석

① 이 작품은 최표가 지은 중국 문헌인 『고금주(古今注)』에 설화와 함께 채록되어 있다.

② 이 작품은 관련 배경 설화와 함께 전해진다.

④ 3구를 보면 임이 강에 빠져 죽었으므로 '강'은 죽음을 의미한다.

배경 설화

'공무도하가'는 악곡명에 따라 <공후인(箜篌引)>으로 일컬어지기도 한다. <공후인>은 곽리자고(霍里子高)의 아내 여옥(麗玉)이 지은 것으로, 자고(子高)가 새벽에 일어나 배를 저어 가는데, 머리가 흰 미친 사람이 머리를 풀어헤치고 호리병을 들고 어지러이 물을 건너고 있었다. 그의 아내가 뒤쫓아 외치며 막았으나, 다다르기도 전에 그 사람은 결국 물에 빠져 죽었다. 이에 그의 아내는 공후(箜篌)를 타며 '공무도하(公無渡河)'의 노래를 지으니, 그 소리는 심히 구슬펐다. 그의 아내는 노래가 끝나자 스스로 몸을 물에 던져 죽었다. 자고가 돌아와 아내 여옥(麗玉)에게 그 광경을 이야기하고 노래를 들려주니, 여옥이 슬퍼하며, 곧 공후로 그 소리를 본받아 타니, 듣는 자가 눈물을 흘리지 않는 이가 없었다. 여옥은 그 소리를 이웃 여자 여용(麗容)에게 전하니 일컬어 <공후인>이라 한다.

06 어법
정답 ①

정답 해설

① 조부모님의 노력으로 내가 성장했다는 의미이므로 제시된 의미와 부합한다.

오답 분석

② 어떤 사람의 영향력이나 권한이 미치는 범위를 의미한다.

③ 일을 하는 사람을 의미한다.

④ 사람의 수완이나 꾀를 의미한다.

07 문학
정답 ③

정답 해설

③ 옥단춘이 "임아 임아, 암행어사 서방님아, 이것이 꿈이런가, 만일에 꿈이라면 깰까 봐 걱정이오."라고 말한 것으로 보아 이혈룡이 암행어사라는 사실을 전혀 모르고 있었음을 알 수 있다.

오답 분석

① 김진희는 이혈룡이 암행어사라는 것을 모르기 때문에 그를 또 죽이려고 하고 있다.

② 이혈룡은 정체를 밝히기 전에 김진희에게 "너를 친구라고 찾아왔는데 어찌 이토록 괄시하느냐?", "붕우유신(朋友有信) 쓸데없고, 결의형제 쓸데없구나. 전에는 너와 내가 생사를 같이 하자고 태산처럼 맺었더니, 살리기는 고사하고 죄 없이 죽이기를 일삼으니 그럴 법이 어디 있나. 오륜(五倫)을 박대하면 앙화(殃禍)가 자손에까지 미치리라."라고 말하며 의리를 저버린 김진희를 강도 높게 비판하고 있다.

④ 사공들은 김진희의 명을 따라 이혈룡을 죽이려다 암행어사 출두 소식을 듣고 다시 배를 연광정으로 돌리고 있다.

08 비문학
정답 ①

정답 해설

① 제시문은 '쓰레기 만두'라는 표현 때문에 납품업자가 아닌 만두 업계 전체가 타격을 입는 불매 운동으로까지 상황이 전개된 것을 소개한 사례이다. 이는 표현의 선택이 사실의 본질을 흐리거나 잘못 전달할 수 있음을 설명하는 글에서 근거로 활용할 수 있다.

오답 분석

② 언론의 보도 과정에서 사용된 표현이 시발점이 된 사례는 맞지만 그것이 단무지 납품 업계 전체와 직접적인 상관이 있는 것은 아니므로 적절하지 않다.

③ 납품업자가 처벌을 받았는지 받지 않았는지가 중요한 것이 아니라, 언론에 사용된 표현이 사실의 본질을 흐리거나 잘못된 여론을 형성할 수 있다는 것이 핵심이다.

④ 식품 불매 운동이 군중 심리에 끼치는 영향을 중요하게 다룬 사례는 아니다.

09 비문학 정답 ③

정답 해설

③ 세 번째 문단 "인구 통계학적인 특성과 건강 지표의 상관 관계를 분석하여 ~"라는 언급으로 보아 인구 통계학적인 특성과 건강지표에는 상관관계가 존재함을 알 수 있다.

오답 분석

① 첫 번째 문단에서 "인구학은 주로 인구 통계학과 인구 동태학으로 나뉜다."라고 하였고, "인구 통계학은 인구의 구성과 특성을 수치적으로 분석"하며 "인구 동태학은 인구의 변화와 움직임을 연구"한다고 하였으므로 적절한 설명이다.

② 두 번째 문단 "인구 통계학은 ~ 인구의 구조와 특징을 파악한다. 이를 통해 인구의 성장, 고령화, 청년 인구 감소, 이민 등 다양한 인구 변화를 예측하고 사회 정책 및 경제 계획 수립에 활용된다."라고 하였으므로 인구 변화에 대한 예측은 사회 정책이나 경제 계획 수립에 활용함을 알 수 있다.

④ 마지막 문단의 "이를 통해 인구 변화에 대응하는 정책 수립과 사회의 지속적인 발전을 위한 기반을 마련할 수 있다."를 통해 적절한 설명임을 알 수 있다.

10 비문학 정답 ②

정답 해설

② 첫 번째 문단을 통해 이 설문지 조사는 한국 설화 제목 중 읽고 싶은 설화를 선택하도록 하고, 한국 설화를 세계인들에게 알리는 방법에 대한 의견을 묻는 내용임을 알 수 있다. 두 번째 문단에서 설화를 선택한 이유로 가장 많았던 것은 제목이 재밌게 느껴졌다는 것이었고, 세 번째 문단에서 나타나듯이 낯선 제목에는 관심이 낮았다. 따라서 마지막 밑줄에 들어갈 내용으로는 한국 설화를 세계인들에게 알리는 방법으로 낯선 제목 대신에 (그들에게 흥미를 불러일으킬 만한) 새로운 제목을 붙이는 것이 좋다는 것이 적절할 것이다.

오답 분석

① 주어진 글에서 작품 번역의 중요성에 대한 내용은 언급되지 않았다.

③ 비록 세 번째 문단에서 부부의 이야기라 생각해서 <콩쥐 팥쥐>를 선택했다는 참여자가 있기는 하지만, 한 명에 불과하다. 또한, 세계인들이 부부에 관한 설화를 선호한다고 볼 근거도 주어진 글에서 찾을 수 없다.

④ 표본 수에 대해서는 언급된 바 없다.

■ **정답**   p.54

01	④ 어법	06	④ 비문학
02	② 어법	07	② 문학
03	③ 혼합(문학 + 어휘)	08	④ 비문학
04	② 어법	09	④ 비문학
05	② 어법	10	④ 비문학

■ **취약영역 분석표**

영역	틀린 답의 개수
어법	/ 4
비문학	/ 4
문학	/ 1
어휘	/ –
혼합	/ 1
TOTAL	/ 10

* 취약영역 분석표를 이용해 1개라도 틀린 문제가 있는 영역은 그 영역의 문제만 골라 해설을 다시 한번 꼼꼼히 학습하세요.

01 어법   정답 ④

정답 해설

④ ㉠ 이죽야죽[이중냐죽/이주갸죽]: 'ㄴ' 첨가된 [이중냐죽]과 단순히 연음하여 발음한 [이주갸죽]도 모두 표준 발음에 해당한다.

㉣ 계제[계:제/게:제]: 표준 발음법 제5항에 따라 'ㅖ'는 이중모음으로 발음해야 하지만 '예, 례' 이외의 'ㅖ'는 [ㅔ]로도 발음할 수 있다.

㉤ 읊조리다[읍쪼리다]: 음절의 끝소리 규칙과 자음군 단순화가 적용되어 [읍조리다]가 되고 '읍'의 'ㅂ'에 의해 된소리되기가 일어나 [읍쪼리다]로 발음한다.

오답 분석

㉡ 끝끝내[끋끈내]: 음절의 끝소리 규칙에 의해 [끋끋내]가 되었다가 두 번째 음절의 '끋'은 '내'의 초성 'ㄴ'에 의해 비음화가 일어나 최종 발음은 [끋끈내]가 된다.

㉢ 홀연히[호련히]: 연음하여 발음하고 'ㅎ' 탈락은 일어나지 않는다.

02 어법   정답 ②

정답 해설

② ②의 '바람'은 동음이의어 관계이다. 둘은 소리만 같고 의미의 유사성은 전혀 없다. 첫 번째 문장의 '바람'은 '공이나 튜브 따위와 같이 속이 빈 곳에 넣는 공기'라는 뜻이고 두 번째 문장의 '바람'은 '어떤 일이 이루어지기를 기다리는 간절한 마음'을 의미한다.

오답 분석

① ③ ④ 모두 다의 관계의 단어를 사용하였다.

① 첫 번째 문장의 '물'은 '조수'를 달리 이르는 말이고, 두 번째 문장의 '물'은 그곳에서의 경험이나 영향을 비유적으로 이르는 말이다. 이 둘은 다의어 관계이다.

③ 첫 번째 문장의 '다리'는 물을 건너거나 또는 한편의 높은 곳에서 다른 편의 높은 곳으로 건너다닐 수 있도록 만든 시설물을 의미하고, 두 번째 문장의 '다리'는 둘 사이의 관계를 이어 주는 사람이나 사물을 비유적으로 이르는 말이다.

④ 첫 번째 문장의 '손'은 일을 하는 사람을 의미하고, 두 번째 문장의 '손'은 사람의 팔목 끝에 달린 부분을 말한다.

03 문학 + 어휘   정답 ③

정답 해설

③ 선친의 빚보증으로 인해 집안이 망하고 게다가 부친이 돌아가신 뒤 가족들이 거리에 나앉게 되었다는 것을 통해 안 좋은 상황이 더욱 악화되었음을 알 수 있다. 따라서 적절한 한자 성어는 雪上加霜(설상가상)이다.

· 雪上加霜(설상가상): 눈 위에 서리가 덮인다는 뜻으로, 난처한 일이나 불행한 일이 잇따라 일어남을 이르는 말

오답 분석

① 結者解之(결자해지): 맺은 사람이 풀어야 한다는 뜻으로, 자기가 저지른 일은 자기가 해결하여야 함을 이르는 말

② 天佑神助(천우신조): 하늘이 돕고 신령이 도움. 또는 그런 일

④ 修己治人(수기치인): 자신의 몸과 마음을 닦은 후에 남을 다스림

04 어법
정답 ②

정답 해설

② 맞고 말고(×) → 맞고말고(○): '-고말고'는 상대편의 물음에 대하여 긍정의 뜻을 강조하여 나타낼 때 쓰는 종결 어미이므로 붙여 써야 한다.

오답 분석

① 족족(○): '족족'은 '어떤 일을 하는 하나하나'라는 뜻의 한 단어이므로 붙여 써야 한다.

③ 글씨조차(○): '조차'는 조사이므로 앞말과 붙여 쓴다.

④ 하릴없이(○): '하릴없이'는 '달리 어떻게 할 도리가 없이'라는 뜻의 한 단어이므로 붙여 쓴다.

05 어법
정답 ②

정답 해설

② ⓐ의 어근 품사는 모두 동사이지만 ⓓ의 어근 품사는 '높이다'를 제외하고 모두 동사이다. '높이다'는 동사이지만 어근인 '높-'은 형용사이다. 파생된 ⓐ는 모두 명사이지만 ⓓ는 모두 동사이다.

06 비문학
정답 ④

정답 해설

④ 글의 앞 부분에서 탐구는 사람들이 확실하다고 믿는 것을 의심하는 것이라 하였고 글의 마지막 부분에서 잘못된 믿음을 의심하고 증명하는 것이라 하였으므로 ㉠에 들어갈 적절한 내용은 사람들이 믿는 것이 옳지 않을 수 있다고 한 ④가 옳다.

07 문학
정답 ②

정답 해설

② ㉢은 '도념'이 그동안 속세에 대한 생각으로 수양에 소홀했던 것이 아니라, 파계를 한 어머니의 피를 이어받았기 때문에 더욱 수양에 정진해야 한다는 의미이다. 따라서 설명이 적절하지 않은 것은 ②이다.

오답 분석

① ㉠은 세상과 인연이 끊긴 불가의 세계가 아니라 어머니와 함께할 수 있는 속세에서 살고 싶은 '도념'의 간절한 심정을 드러내고 있다.

③ ㉣은 동네(속세)를 연못에 빗대어 부정적으로 묘사함으로써 속세에 가고 싶어 하는 '도념'을 달래기 위한 의도가 나타난다.

④ ㉤은 '도념'이 동네 사람들을 볼 때마다 '주지'가 동네(속세)와 마찬가지라며 부정적으로 나타낸 연못에 대해 물어봤다는 것으로, '도념'이 속세에 대한 생각을 늘 하고 있었음을 암시한다.

08 비문학
정답 ④

정답 해설

④ 마지막 문단 "비타민 C는 일반적으로 안전한 영양소이지만, 매우 높은 용량의 비타민C를 과도하게 섭취할 경우, 소화 장애나 설사와 같은 부작용을 일으킬 수 있으므로 하루 권장 섭취량을 지켜야 한다"를 통해 비타민 C를 과하게 섭취할 경우에는 부작용이 있으므로 하루 권장 섭취량을 지켜야 함을 알 수 있다.

오답 분석

① 두 번째 문단에서 "비타민 C는 다양한 생리적 기능을 가지고 있는데, 가장 잘 알려진 역할은 항산화 작용이다."라고 하였고, "항산화 작용은 자유 라디칼이라는 유해한 분자들을 제거하여 세포 손상을 예방하고, 산화 스트레스로부터 세포를 보호한다."라고 하였으므로 적절한 설명이다.

② 세 번째 문단 "비타민 C는 콜라겐 합성에 필수적인 역할을 한다.", "비타민 C는 철 흡수를 촉진시키는 역할도 한다.", 마지막 문단의 "비타민 C는 항산화 작용, 콜라겐 합성 촉진, 철 흡수 증진, 면역력 강화 등 다양한 생리적 기능을 가지고 있으므로"로 보아 적절한 설명임을 알 수 있다.

③ 네 번째 문단의 "면역 세포의 기능 향상과 항체 생산을 촉진하여 감염에 대한 저항력을 향상시키고"를 통해 적절한 설명임을 알 수 있다.

09 비문학
정답 ④

정답 해설

④ 마지막 문단에서 "아리스토텔레스의 철학은 중세 유럽에서 큰 영향력을 행사하며 현대 철학의 발전에도 영향을 끼쳤다."라고 하였으므로 중세 유럽에서 배척당했다는 설명은 적절하지 않다.

오답 분석

① 두 번째 문단 "아리스토텔레스는 철학의 주요 분야인 논리학, 철학적 방법론, 형이상학, 자연철학, 윤리학 등 다양한 주제에 대해 연구했다.", "현실 세계의 현상을 설명하기 위해 천체, 원자론, 원인론 등을 탐구하였다."를 통해 적절한 설명임을 알 수 있다.

② 세 번째 문단 "그는 실증적인 방법을 도입하면서 실제 관찰과 실험에 기반한 이론을 발전시키는 데 중요한 역할을 했다."를 통해 적절한 설명임을 알 수 있다.

③ 네 번째 문단의 "그는 '행복'을 귀결적인 가치로 간주하고"를 통해 적절한 설명임을 알 수 있다.

정답 해설

④ 주어진 글을 빠르게 훑어보면, X-선 사진 해석과 관련해 서투를 때와 전문가일 때에 대한 얘기라는 것을 대강 알 수 있다. (가), (다)는 서투를 때의 내용, (나), (라)는 그보다 나아진 때의 이야기이다. (가)는 하지만으로 시작되는데, (가) 앞에 글이 위치한다면 X-선 사진에 대한 전문의의 설명을 이해하는 내용이어야 할 것이다. 따라서 (가) 앞에는 (다)가 적합하다. (다)의 첫 문장은 어떠한 상황을 설정하여, 글 전체를 시작하는 문장으로 적합할 뿐만 아니라 전문의가 X-선 사진을 설명하고 이를 학생이 이해하고 있는 내용이다. (나)는 전문가로서의 세계에 들어선 내용이다. (가)와 (나) 사이에 그 중간 단계인 (라)가 들어가야 할 것이다. 그러므로 글의 순서는 (다)-(가)-(라)-(나)가 적절하다.

■ 정답　　　　　　　　　　　　　　　　　　p.58

01	④ 어법	06	② 어법
02	④ 어법	07	④ 비문학
03	④ 어법	08	① 비문학
04	③ 어법	09	③ 문학
05	④ 어법	10	④ 비문학

■ 취약영역 분석표

영역	틀린 답의 개수
어법	/ 6
비문학	/ 3
문학	/ 1
어휘	/ -
혼합	/ -
TOTAL	/ 10

* 취약영역 분석표를 이용해 1개라도 틀린 문제가 있는 영역은 그 영역의 문제만 골라 해설을 다시 한번 꼼꼼히 학습하세요.

01 어법　　　　　　　　　　　　　　　정답 ④

정답 해설

④ '빛을 반사하는 물체에 어떤 물체의 모습이 나타나게 하다'라는 의미의 용언은 '비추다'이므로 문맥에 맞는 사용이다.

오답 분석

① 치루고(×) → 치르고(○): '주어야 할 돈을 내주다'라는 의미의 용언은 '치르다'이다. '치루다'는 '치르다'의 잘못된 표현이다.

② 벌려(×) → 벌여(○): '여러 가지 물건을 늘어놓다'라는 의미의 용언은 '벌이다'이다. '벌리다'는 둘 사이를 넓히거나 멀게 한다는 의미이다.

③ 붙여(×) → 부쳐(○): '모자라거나 미치지 못하다'라는 의미의 용언은 '부치다'이다.

02 어법　　　　　　　　　　　　　　　정답 ④

정답 해설

④ '가족간'은 한 단어가 아니므로 '가족∨간'으로 띄어 써야 한다. 참고로, 이때 '간'은 '관계'의 뜻을 나타내는 의존 명사이다.

오답 분석

①②③은 모두 한 단어로 '동기, 고부, 부자'에 의존 명사 '간'이 결합한 합성어이다.

03 어법　　　　　　　　　　　　　　　정답 ④

정답 해설

④ '께서'는 높임을 나타내는 주격 조사이다.

오답 분석

① 작가가: 서술어 '되다, 아니다'의 대상임을 나타내는 보격 조사이다.

② 김밥이: 앞말을 지정하여 강조하는 뜻을 나타내는 보조사이다.

③ 대단하이: 상태의 서술이나 느낌을 나타내는 종결 어미이다.

04 어법　　　　　　　　　　　　　　　정답 ③

정답 해설

③ 유리잔[유리짠](×) → [유리잔](○): 표준국어대사전에서 확인할 수 있는 '유리잔'의 표준 발음은 [유리잔]이다.

오답 분석

① 인기척[인끼척](○): '인기척(人기척)'은 [인끼척]과 [인기척] 모두 표준 발음으로 인정된다.

② 함수[함:쑤](○): '함수(函數)'는 [함:쑤]와 [함:수] 모두 표준 발음으로 인정된다.

④ 안간힘[안깐힘](○): '안간힘'은 [안깐힘]과 [안간힘] 모두 표준 발음으로 인정된다.

05 어법

정답 해설

④ '은영이는(주어) + 치과에서(부사어) + 우연히(부사어) + 고등학교 동창을(목적어) + 만났다(서술어)'의 구성으로 주어와 서술어가 한 번만 나타난 홑문장이다.

오답 분석

① 연결 어미 '−으면'으로 연결된 이어진 문장으로, 겹문장이다.

② 연결 어미 '−ㄹ지라도'로 연결된 이어진 문장으로, 겹문장이다.

③ 연결 어미 '−지만'으로 연결된 이어진 문장으로, 겹문장이다.

06 어법
정답 ②

정답 해설

② 국어를 로마자로 표기할 때에는 된소리되기를 반영하지 않으므로 '울주[울쭈]'는 'Ulju'로 표기해야 한다.

07 비문학
정답 ④

정답 해설

④ 다섯 번째 문단에서 "충격이나 열에 의해 감도제가 활성화되면, 화약의 산화제와 연료가 반응을 시작한다."라고 하였으므로 산화제와 연료의 반응보다 감도제의 활성화가 먼저임을 알 수 있다. 따라서 적절하지 않은 설명이다.

오답 분석

① 첫 번째 문단 "기본적으로, 화약은 연료, 산화제, 그리고 감도제라는 세 가지 주요 구성 요소로 이루어져 있다.", 두 번째 문단 "대표적인 화약 연료로는 탄화물(예: 숯)이 사용된다."를 통해 적절한 설명임을 알 수 있다.

② 세 번째 문단 "산화제는 연료와 반응하여 연소 반응을 촉진하는 역할을 한다.", "산화제는 연료의 연소를 촉진하고 반응열을 높이는 역할을 수행한다."를 통해 적절한 설명임을 알 수 있다.

③ 네 번째 문단의 "감도제는 화약을 충격, 온도, 또는 화염과 같은 자극에 민감하게 반응시키는 역할을 한다."를 통해 감도제가 화약이 자극에 민감하게 반응시키는 역할임을 알 수 있고, "이러한 감도제는 화약이 특정한 조건에서만 폭발하도록 하고, 예기치 않은 화재 또는 폭발을 방지하는 역할을 한다."를 통해 감도제가 예기치 않은 폭발을 방지하게 하는 역할을 함을 알 수 있으므로 적절한 설명이다.

08 비문학
정답 ①

정답 해설

① 글의 각 문단은 각각 순서대로 스트리밍 서비스의 정의, 장점, 주요 서비스, 수익 창출 모형, 문제점, 가져온 변화 등을 설명하고 있으므로 이들을 포괄하는 글의 주제는 '스트리밍 서비스의 특징과 그것이 가져온 변화'가 가장 적절하다. 그 외의 다른 선지에 대한 내용은 글에서 찾아볼 수 없다.

09 문학
정답 ③

정답 해설

③ '사위 부자'라는 표현은 데릴사위를 들여서 부려 먹고 갈아치우는 것을 반복한 '장인'을 비꼬는 반어적 표현이다. ③은 문정희의 '겨울 일기'로, 사랑하는 사람을 잃고 편히 지냈다고 하고 있으나 이는 앞의 죽음만 꺼내 씹었다는 표현과 반대되므로 반어에 해당한다. 화자는 사랑하는 사람을 잃고 매우 고통스럽게 지내고 있음을 알 수 있다.

오답 분석

① 이수복의 '봄비'이다. 서러운 감정을 시각적으로 형상화하고 있다.

② 이수익의 '차라리 눈부신 슬픔'이다. '황홀한 재앙'이라는 역설적 표현을 사용했다.

④ 윤동주의 '별 헤는 밤'이다. 유사한 문장 구조를 반복하고 있다.

10 비문학
정답 ④

정답 해설

④ 제시문은 팩션에 대한 설명을 담은 글의 일부이다. 팩션이란 팩트와 픽션을 합성한 단어로, 역사적 사실에 근거는 하되 그 위에 가상의 이야기를 얹는 창작 방식을 뜻한다. 팩션이 최근 연극, 영화나 드라마의 창작 방식으로 각광받고 있다는 설명은 제시문에서 쉽게 찾을 수 있다.

오답 분석

① 팩션은 1960년대 미국의 불안한 시대상을 탈출하기 위한 돌파구로 제시된 것이다.

② 팩션이 담고 있는 허구의 이야기들이 비판의 대상이 되어야 한다는 의견은 찾아볼 수 없다.

③ 역사적 진위 여부를 문제 삼는 것은 다른 차원의 문제라고 언급되어 있는데, 이는 즉 팩션 속의 역사적 사실과 실제 역사적 사실은 늘 일치하지 않을 수 있다는 것을 긍정하는 표현으로 해석된다.

■ 정답
p.62

01	① 어법	06	② 어법
02	② 어법	07	① 비문학
03	① 어법	08	④ 비문학
04	② 어법	09	③ 비문학
05	② 어법	10	④ 혼합(문학+어휘)

■ 취약영역 분석표

영역	틀린 답의 개수
어법	/ 6
비문학	/ 3
문학	/ -
어휘	/ -
혼합	/ 1
TOTAL	/ 10

* 취약영역 분석표를 이용해 1개라도 틀린 문제가 있는 영역은 그 영역의 문제만 골라 해설을 다시 한번 꼼꼼히 학습하세요.

01 어법
정답 ①

정답 해설
① '무릎을'은 연음하여 [무르플]이라고 발음하는 것이 적절하다.

오답 분석
② '부엌이다'는 연음하여 [부어키다]라고 발음하는 것이 적절하다.
③ '넓고'는 [널고]에서 된소리되기에 따라 [널꼬]라고 발음하는 것이 적절하다.
④ 법에 어긋남을 의미하는 '불법'은 [불법]으로 발음할 수도 있고 [불뻡]으로 발음할 수도 있다. 따라서 [불버블]은 적절하다.

02 어법
정답 ②

정답 해설
② 그러나∨저러나(×) → 그러나저러나(○): '그러나저러나'는 '그리하나 저리하나'가 줄어든 말로, 한 단어이므로 붙여 쓴다.

오답 분석
① 밥은커녕(○): '-은커녕'은 조사이므로 앞말과 붙여 쓴다.
③ 알은체하다(○): '알은체하다'는 한 단어이므로 붙여 쓴다.
④ 너마저도(○): 보조사 '마저' 뒤에 보조사 '도'가 같이 쓰인 경우이다. 붙여 써야 한다.

03 어법
정답 ①

정답 해설
① 넓다란(×) → 널따란(○): '넓다랗다'는 '널따랗다'의 잘못된 표기이다.

오답 분석
② 해진(○): '해지다'는 '해어지다'의 준말이다. '해어지다'는 '닳아서 떨어지다'의 의미이다.
③ 오소소(○): 바람에 작은 나뭇잎 따위가 많이 떨어지는 소리. 또는 그 모양을 의미한다. 참고로, '우수수'는 바람에 나뭇잎 따위가 많이 떨어지는 소리. 또는 그 모양을 의미한다.
④ 바스러졌다(○): '바스러지다'는 '깨어져 조금 잘게 조각이 나다'라는 의미의 단어이다. 참고로, '바스라지다'는 비표준어이므로 주의해야 한다.

04 어법
정답 ②

정답 해설
② 열거된 항목 중 어느 하나가 자유롭게 선택될 수 있음을 보일 때 사용하는 것은 대괄호([ ])가 아니라 중괄호({ })이다.

오답 분석
① 감탄의 정도가 약할 때는 느낌표 대신 쉼표나 마침표를 쓸 수 있다.
③ 줄임표(……)의 점은 가운데에 찍는 대신 아래쪽에 찍을 수도 있고, 여섯 점을 찍는 대신 세 점을 찍을 수도 있다.
④ 작은따옴표(' ')는 인용한 말 안에 있는 인용한 말을 나타낼 때 쓴다.

05 어법

정답 해설

② 이 문장의 '있다'는 동사이며, '사람이나 동물이 어느 곳에서 떠나거나 벗어나지 아니하고 머물다'라는 의미이다. 나머지는 모두 형용사이다. 동사 '있다'의 높임말은 '계시다'이므로 높임 표현으로 바꾸었을 때 '있다' 대신 '계시다'를 사용할 수 있으면 '있다'는 동사에 해당한다.

06 어법

정답 ②

정답 해설

② ・페럴렐(×) → 패럴렐(○)
　・알카리(×) → 알칼리(○)
　・엔돌핀(×) → 엔도르핀(○)
　・카모플라주(×) → 카무플라주(○)

오답 분석

①③④ 모두 맞는 표기이다.

07 비문학

정답 ①

정답 해설

① 첫 번째 문단의 "그러나 둘은 서로 다른 방식과 목표를 가지고 있다." 이후 두 번째 문단에서는 재정정책, 세 번째 문단에서는 통화정책을 설명하고 있다. 네 번째 문단에서는 둘의 차이점과 목적에 대해서 설명하고 마지막 문단에서는 전체 글을 요약하고 있다. 따라서 이러한 글의 구성을 고려했을 때 글에 주제가 가장 가까운 것은 '① 재정정책과 통화정책의 차이점과 주요 목표'이다.

08 비문학

정답 ④

정답 해설

④ 마지막 문단의 "마라톤은 또한 건강과 운동의 중요성을 강조하는 운동으로 인기를 끌고 있다.", "마라톤은 개인의 도전과 목표 달성, 건강과 운동의 중요성을 상징하는 훌륭한 경기로서 많은 사람들에게 사랑받고 있으며,"를 통해 마라톤이 많은 사람들에게 사랑을 받고 있음 알 수 있다. 따라서 비교적 인기가 없다는 내용은 적절하지 않은 설명이다.

오답 분석

① 첫 번째 문단 "마라톤은 그리스와 페르시아 전쟁에서 그리스의 승전보를 전달하기 위해 달려간 필리피데스의 이야기에서 유래하였는데"를 통해 적절한 설명임을 알 수 있다.

② 세 번째 문단 "마라톤은 체력과 지구력을 요구하기 때문에", "일반적으로 마라톤을 준비하기 위해서는 장거리 달리기 훈련, 체력 강화를 위한 유산소 운동, 근력 훈련 등이 필요하다."를 통해 적절한 설명임을 알 수 있다.

③ 다섯 번째 문단의 "마라톤은 경쟁적인 대회로서 선수들은 최고의 기록을 세우기 위해 경쟁한다."와 "대회에 참가하는 사람들에게는 개인적인 목표 달성, 건강 증진, 사회적 참여 등 다양한 동기와 가치가 있을 수 있다."를 통해 선수와 참가자들의 마라톤 참가 목적에 대해 알 수 있으므로 적절한 설명이다.

09 비문학

정답 ③

정답 해설

③ 첫 번째 문단에서 리처드 파인만에 대해서 소개하고 있고 두 번째 문단은 리처드 파인만이 대중들에게 과학을 전달한 방식을 설명하고 있다. 세 번째 문단은 리처드 파인만의 과학적 업적에 대해서, 마지막 문단은 글의 내용을 압축적으로 요약하고 있다. 따라서 이러한 글의 구성을 고려할 때, 주제로 가장 적절한 것은 '이론 물리학자 리처드 파인만의 업적과 대중성'이다.

10 문학 + 어휘

정답 ④

정답 해설

④ 천자가 위험에 빠진 것을 알고 충렬이 구하러 가는 장면이다. 천자의 목숨이 위험한 상황이므로 이를 나타내는 적절한 한자 성어는 '거의 죽게 되어 곧 숨이 끊어질 지경에 이름'을 의미하는 '命在頃刻(명재경각)'이다.

오답 분석

① 明鏡止水(명경지수): 맑은 거울과 고요한 물
② 頭重脚輕(두중각경): 정신이 어찔하고 다리에 힘이 빠져 쓰러짐
③ 旁岐曲徑(방기곡경): 서려 있는 계곡과 구불구불한 길이라는 뜻으로, 일을 순서대로 정당하게 하지 아니하고 그릇된 수단을 써서 억지로 함을 이르는 말

40 해커스공무원학원·공무원인강 gosi.Hackers.com

■ 정답

p.66

01	③ 어법	06	④ 어법
02	① 어법	07	② 문학
03	③ 어휘	08	③ 비문학
04	④ 어법	09	② 비문학
05	① 어법	10	④ 비문학

■ 취약영역 분석표

영역	틀린 답의 개수
어법	/ 5
비문학	/ 3
문학	/ 1
어휘	/ 1
혼합	/ -
TOTAL	/ 10

* 취약영역 분석표를 이용해 1개라도 틀린 문제가 있는 영역은 그 영역의 문제만 골라 해설을 다시 한번 꼼꼼히 학습하세요.

01 어법

정답 ③

정답 해설

③ '손끝이'는 구개음화가 일어나 [손끄치]로 발음해야 한다.

오답 분석

① '갯벌'은 '개+벌'의 합성어로, 이때 사잇소리 현상이 일어나 [개뻘]로 발음하며 [갣뻘]도 허용한다.

② '죽도 밥도'는 받침 'ㄱ'과 'ㅂ'에 의해 이어지는 초성 'ㄷ'에서 된소리되기가 일어나 [죽또 밥또]로 발음한다.

④ 관형사형 '-(으)ㄹ' 뒤에 연결되는 'ㄱ, ㄷ, ㅂ, ㅅ, ㅈ'은 된소리로 발음하므로 [어찌할 빠를]로 발음한다.

02 어법

정답 ①

정답 해설

① '록그룹, 슈트, 숏'은 모두 옳은 표기이다.

오답 분석

② 알콜(×) → 알코올(○)

③ 선텐(×) → 선탠(○)

④ ・페가서스(×) → 페가수스(○)

ㆍ화운데이션(×) → 파운데이션(○)

03 어휘

정답 ③

정답 해설

③ '猫項懸鈴(묘항현령)'은 쥐가 고양이 목에 방울을 단다는 뜻으로, 실행할 수 없는 헛된 논의를 이르는 말이므로 문맥에 맞지 않는다.

오답 분석

① 焦眉之急(초미지급): 눈썹에 불이 붙었다는 뜻으로, 매우 급함을 이르는 말

② 走馬看山(주마간산): 말을 타고 달리며 산천을 구경한다는 뜻으로, 자세히 살피지 아니하고 대충대충 보고 지나감을 이르는 말

④ 四顧無親(사고무친): 의지할 만한 사람이 아무도 없음

04 어법

정답 ④

정답 해설

④ ㄹ의 관형절은 목적어가 생략된 관계 관형절이다. '아버지께서 빵을 주시다'에서 목적어 '빵을'이 생략되어 만들어진 관형절이다.

오답 분석

① ㄱ의 관형절은 '친구가 포도를 먹다'에서 목적어 '포도를'이 생략된 것이다.

② ㄴ의 관형절은 '그가 집에 살다'에서 부사어 '집에'가 생략된 것이다.

③ ㄷ의 관형절은 동격 관형절로 생략된 성분이 없다. '누나가 여행을 가다'가 관형절로 안겼다.

05 어법
정답 ①

정답 해설

① 이 문장의 '가급적'은 부사어 '빨리'를 수식하고 있으므로 부사이며, '할 수 있는 대로. 또는 형편이 닿는 대로'의 의미이다.

오답 분석

② 대중적: 이 문장의 '대중적'은 명사 '명성'을 수식하고 있으므로 관형사이며 '수많은 사람의 무리를 중심으로 한'이라는 의미이다.

③ 순차적: 이 문장의 '순차적'은 명사 '학습'을 수식하고 있으므로 관형사이며 '순서를 따라 차례대로 하는'이라는 의미이다.

④ 보편적: 이 문장의 '보편적'은 명사 '사고'를 수식하고 있으므로 관형사이며 '모든 것에 두루 미치거나 통하는'의 의미이다.

06 어법
정답 ④

정답 해설

④ 어간의 끝음절 '하' 앞의 받침의 소리가 [ㄱ, ㄷ, ㅂ]이면 '하'가 통째로 줄어든다.
例 넉넉하지 않다 → 넉넉지 않다 → 넉넉잖다

오답 분석

① 객적은 수작은 집어ㅇ치위라(×) → 객쩍은 수작은 집어치위라(○): '객쩍다'는 '적다[少]'의 뜻이 없이 [쩍따]로 발음되는 경우이므로 '쩍다'로 적는다. 이때 '집어치우다'는 '하던 일이나 하고자 한 일을 그만두다'를 의미하는 한 단어이므로 '집어치워라'로 붙여 쓴다.

② 뜻한바(×) → 뜻한ㅇ바(○): 이 문장의 '바'는 의존 명사이므로 앞말과 띄어 쓴다.

③ 당산나무일ㅇ껄(×) → 당산나무일걸(○): 어미 '-ㄹ걸'은 된소리로 발음되어도 된소리로 적지 않는다. 또한 어미이므로 앞말과 붙여 쓴다.

07 문학
정답 ②

정답 해설

② 운영은 대군이 자신과 김 진사와의 관계를 의심하자 억울하다며 자결을 하려고 하였다.

오답 분석

① 대군은 서궁의 궁녀들을 아끼지만, 운영이 김 진사와 인연을 맺었고 이를 다른 궁녀들이 숨겼다는 사실을 알자 이들을 모두 죽을 때까지 곤장을 치라고 할 정도로 궁녀의 연애를 금하는 사회적·제도적 원칙을 중요하게 여기고 있다.

③ 자란은 운영이 대군에게 의심을 받아 자결을 하려고 하자 억울함을 호소하며 다시는 글을 짓지 않겠다고 하여 대군의 마음을 돌렸다.

④ 은섬은 자신들이 꾀꼬리와 제비가 짝을 이뤄 다니지 못하게 한 것은 부러움 때문이었다며 대군이 두려워 궁 안에서 사랑의 욕망을 참고 살았음을 밝히고 있다.

08 비문학
정답 ③

정답 해설

③ 네 번째 문단의 "2차 전지는 충전에 시간이 걸리는 반면", "2차 전지는 충전을 위한 특수한 충전기가 필요하며, 충전 시간과 전압 등을 적절히 관리해야 한다."를 통해 2차 전지는 특수한 충전기를 사용하면서 충전 시간과 전압을 적절히 관리해야함을 알 수 있다. 따라서 적절하지 않은 설명이다.

오답 분석

① 두 번째 문단 "1차 전지는 일회용 전지로도 알려져 있는데, 이는 사용 후에는 재충전이 불가능하며", "사용이 완료되면 폐기물로 처리되어야 하므로"를 통해 적절한 설명임을 알 수 있다.

② 세 번째 문단 "2차 전지는 충전 가능한 전지로서, 사용 후에 재충전이 가능하다.", "그러나 충전 과정에서 일정한 손실이 발생하며"를 통해 적절한 설명임을 알 수 있다.

④ 마지막 문단의 "2차 전지는 초기 투자 비용이 크지만 장기적으로는 경제적으로 유리하다"를 통해 적절한 설명임을 알 수 있다.

09 비문학
정답 ②

정답 해설

② 세 번째 문단의 "제2차 세계대전 이후, 항공 기술은 군사와 민간 분야에서 큰 발전을 이루었다. 제트기, 초음속 비행기 등의 혁신적인 기술이 도입되었으며,"를 통해 적절한 설명임을 알 수 있다.

오답 분석

① 두 번째 문단 "인류는 오랜 기간 동안 새를 모방하여 비행을 시도해왔으나", "라이트 형제의 원동력 비행기 '플라이어'로 역사상 첫 번째 동력 비행을 성공시킴으로써"를 통해 라이트 형제는 역사상 첫 동력 비행을 성공시켰음을 알 수 있으므로 적절하지 않은 설명이다.

③ 네 번째 문단 "현재의 비행기는 안전성, 속도, 효율성 등의 측면에서 지속적인 발전을 이루고 있다.", "초고속 공중 운송수단인 초음속 비행기와 하이퍼루프 등의 혁신적인 기술 개발도 진행되고 있다."를 통해 여전히 기술 개발이 진행 중임을 알 수 있으므로 적절하지 않은 설명이다.

④ 마지막 문단의 "비행기의 발전은 우리가 현재 느끼는 세계의 연결과 교류, 경제성장과 문화 교류를 실현하는 데 큰 역할을 한 것으로 평가된다."를 통해 비행기의 발전이 경제 성장과 문화 교류에 큰 역할을 하였음을 알 수 있으므로 적절하지 않은 설명이다.

10 비문학
정답 ④

정답 해설

④ 네 번째 문단 "진보와 보수는 둘 다 사회 발전을 추구하고, 각자의 가치와 이념을 바탕으로 사회를 더 나은 방향으로 이끌고자 하는 목표를 가지고 있다."를 통해 적절한 설명임을 알 수 있다.

오답 분석

① 두 번째 문단 "진보주의자들은 사회 불평등, 인권 문제, 환경 문제 등에 대한 개선과 사회 변혁을 중요하게 생각하며,"를 통해 보수주의자가 아닌 진보주의자에 대한 설명임을 알 수 있다. 따라서 적절하지 않은 설명이다.

② 세 번째 문단 "보수주의자들은 사회적인 변화나 혁신에 대해 보다 비판적인 입장을 취하며, 기존의 가치와 제도를 유지하는 것을 선호한다."를 통해 진보주의자가 아닌 보수주의자에 대한 설명임을 알 수 있다. 따라서 적절하지 않은 설명이다.

③ 네 번째 문단 "진보와 보수는 정치적, 사회적인 문제에 대한 다른 해석과 접근 방식을 나타내며, 이를 바탕으로 각자 다른 정책 방향성을 제시한다."를 통해 진보와 보수는 서로 다른 해석과 접근 방식을 통한 다른 정책 방향성을 제시함을 알 수 있다. 따라서 적절하지 않은 설명이다.

■ 정답 p.70

01	② 어법	06	③ 문학
02	② 어법	07	④ 어법
03	③ 어법	08	② 문학
04	④ 어법	09	③ 비문학
05	④ 어휘	10	③ 비문학

■ 취약영역 분석표

영역	틀린 답의 개수
어법	/ 5
비문학	/ 2
문학	/ 2
어휘	/ 1
혼합	/ -
TOTAL	/ 10

* 취약영역 분석표를 이용해 1개라도 틀린 문제가 있는 영역은 그 영역의 문제만 골라 해설을 다시 한번 꼼꼼히 학습하세요.

01 어법 정답 ②

정답 해설
② '되게'는 '아주 몹시'의 의미를 가지는 '부사'이다.

오답 분석
① 의존 명사 '권'을 수식하고 있으므로 '세'는 '수 관형사'이다.
③ '설레다'는 마음의 두근거림을 나타내는 '동사'이다.
④ '하얀'은 '하얗다'의 활용형으로 '형용사'이다.

02 어법 정답 ②

정답 해설
② <보기>의 문장은 주체 높임(가시나요), 객체 높임(모시고), 상대 높임 (해요체: 가시나요)를 사용하였다. 이와 동일한 높임법이 사용된 것은 ②이다.
　예 · 주체 높임: 아버지께서, 드리셨어요
　　 · 객체 높임: 할아버지께, 드리셨어요(드리다)
　　 · 상대 높임(해요체): 드리셨어요

오답 분석
① 과장님, 몇 시까지 자료를 드리면(객체 높임) 되겠습니까?(상대 높임: 하십시오체)
③ 학생 여러분, 교장 선생님의 말씀이 있으시겠습니다.(주체 높임, 상대 높임: 하십시오체)
④ 제가 우리 강아지를 병원에 데려가야 해요.(상대 높임: 해요체)

03 어법 정답 ③

정답 해설
③ 한번(×) → 한∨번(○): 이때 '번'은 '일의 횟수를 세는 단위'를 뜻하는 의존 명사이므로 수 관형사 '한'과 띄어 쓴다.

오답 분석
① 한번 시작하면(○): 이 문장의 '한번'은 일단 한 차례를 의미하는 한 단어이므로 붙여 쓴다. 이때 '한번'을 '두 번', '세 번'으로 바꾸면 뜻이 통하지 않는다.
② 춤 한번 잘 춘다(○): 어떤 행동이나 상태를 강조하는 뜻을 나타내는 '한번'은 한 단어이므로 붙여 쓴다.
④ 한번은 귀성하다(○): 지난 어느 때나 기회를 의미하는 명사이므로 붙여 쓴다.

04 어법 정답 ④

정답 해설
④ 보이구나(×) → 보이는구나(○): '-는구나/구나'는 화자가 새롭게 알게 된 사실에 주목함을 나타내는 종결 어미이다. 그런데 '-구나'는 형용사 어간 뒤에 사용하므로 동사 '보다'의 어간 뒤에는 '-는구나'를 사용해야 한다.

오답 분석
① '는커녕'은 앞말을 지정하여 어떤 사실을 부정하는 뜻을 강조하는 보조사로, 보조사 '는'에 보조사 '커녕'이 결합한 말이다. 그가 돕지 않는다는 사실을 강조하고 있으므로 적절하게 사용되었다.

② '–는지'는 막연한 의문이 있는 채로 그것을 뒤 절의 사실이나 판단과 관련시키는 데 쓰는 연결 어미이다. 수학 문제를 풀 수 없다는 뒤 절의 사실이나 판단이 앞 절과 연관되므로 적절하게 사용되었다.

③ 이때 '같이'는 앞말이 나타내는 그때를 강조하는 격 조사이다. 그가 떠난 시간인 '새벽'을 강조하고 있으므로 적절하게 사용되었다.

05 어휘 정답 ④

정답 해설

④ '여우비'는 볕이 나 있는 날 잠깐 오다가 그치는 비를 말한다.

06 문학 정답 ③

정답 해설

③ '즌 디'는 시장이 아니라 남편에게 닥칠 수 있는 위험한 요소를 의미한다.

오답 분석

① 아내는 달에게 남편의 안전을 빌고 있다.

② 이 작품의 여음과 후렴구를 삭제하면 평시조의 3장 6구 형식과 유사하다. 이 때문에 이 작품을 시조 형식의 기원이 되는 작품으로 보기도 한다.

④ 이 부분에서 '나'는 화자가 아내일 수도 있고 남편일 수도 있다. 전자라면 자신의 인생이나 남편을 마중하는 길, 후자라면 남편(임)이 행상을 다니는 길이 위험할까봐 걱정하는 마음을 담고 있다.

07 어법 정답 ④

정답 해설

④ '세계 각국은 정치적인 면뿐만 아니라 경제적인 면에서도 서로 협력하고 있다'에서 '면'은 '어떤 측면이나 방면'을 뜻한다. 이와 같은 뜻으로 쓰인 것은 ④ '언니에게 그런 꼼꼼한 면이 있는 줄은 전혀 몰랐다'의 '면'이다.

오답 분석

① 그 사건은 신문 몇 면에 실렸니?: 이때 '면'은 책이나 신문의 지면을 세는 단위로 쓰였다.

② 이 나이에 면 사납게 그걸 어떻게 하겠나: 이때 '면'은 '체면'을 예스럽게 이르는 말로 쓰였다.

③ 이 땅은 면이 고르지 않고 돌이 많이 박혀 있다: 이때 '면'은 '사물의 겉으로 드러난 쪽의 평평한 바닥'이라는 뜻으로 쓰였다.

08 문학 정답 ②

정답 해설

② 제시된 작품은 조선 후기에 쓰인 작자 미상의 사설시조이다. 사대부층의 전유물이던 시조가 조선 중기와 후기를 지나며 기생, 여인, 평민 등 신분에 상관없이 만들고 노래하게 되면서 중장이 길어지는 사설시조가 등장하였다. 이 작품은 답답한 자신의 마음에 창을 내어 답답함으로부터 벗어나고자 하는 마음을 해학적으로 그렸는데, 그 기발한 발상을 중장에 장지문의 종류와 부속품을 열거하는 방법으로 표현했다.

오답 분석

① 화자의 답답한 마음을 표현하는 것이 주제이긴 하지만 그것을 고통이라고까지 볼 만한 표현은 없고, 반어법도 찾을 수 없다.

③ 양반의 삶과 자신의 삶을 비교하는 부분은 찾을 수 없다.

④ 삶의 애환을 이겨내고자 하는 마음을 역설법으로 표현한 부분은 없다. 답답한 마음을 어쩌지 못한다는 것이 해학적으로 드러나 있을 뿐이다.

09 비문학 정답 ③

정답 해설

③ 첫 번째 문단의 "코란에 따르면 남녀 모두 머리카락을 천으로 덮어야 한다."에서 남녀 모두 의무 사항임을 알 수 있다.

오답 분석

① 첫 번째 문단의 "히잡은 이슬람 교리에 근거한 무슬림 여성들의 전통 의상으로 이슬람 경전인 코란에 따르면"에서 종교적 의미인 것을 알 수 있다. 두 번째 문단에서는 식민주의에 저항하는 상징, 마지막 문단에서는 공화국의 원칙과 갈등을 빚으면서 관련 법까지 제정되는 등 정치적 문제임을 알 수 있다.

② 첫 번째 문단의 "무슬림 여중생들은 가장 무거운 징계인 퇴학을 감수하면서까지"에서 알 수 있다.

④ 마지막 문단의 "프랑스의 좌우파는 이 히잡 문제에 대해서만은 별다른 입장 차이를 보이지 않는다."와 이하의 내용에서 알 수 있다.

10 비문학 정답 ③

정답 해설

③ 두 번째 문단 마지막 문장 "다른 여보다 삼 년 이상 높은 수확량을 산출할 경우 이장(里長)이나 방장(坊長)으로 임명한다."에 따르면 "3년 이상"이어야 한다.

오답 분석

① 두 번째 문단 "1여의 구성은 대략 30가구 내외로 ~ 6여를 합쳐 이(里)라 하고, 5이를 합쳐 방(坊)"에서 알 수 있다. 1방은 30여이고, 1여는 30가구이므로 1방은 약 900가구이다.

② 첫 번째 문단 "첫째, 농사짓는 사람만이 토지를 점유한다."에 따라 토지를 점유한 자는 농사짓는 사람이 될 것이다.

④ 마지막 문단 "농사를 짓지 않으려면 교육에 종사하거나, ~ 농수의 관리와 분배, …등의 일을 해야 한다."에서 알 수 있다.

MEMO